Heinrich Holland/Stefan Heeg
Erfolgreiche Strategien für die Kundenbindung

Heinrich Holland/Stefan Heeg

Erfolgreiche Strategien für die Kundenbindung

Von der Automobilbranche lernen

GABLER

Die Deutsche Bibliothek - CIP-Einheitsaufnahme

Holland, Heinrich:
Erfolgreiche Strategien für die Kundenbindung : von der
Automobilbranche lernen / Heinrich Holland ; Stefan Heeg
- Wiesbaden : Gabler, 1998

ISBN 978-3-409-18866-1   ISBN 978-3-322-90886-5 (eBook)
DOI 10.1007/978-3-322-90886-5

© Betriebswirtschaftlicher Verlag Dr. Th. Gabler GmbH, Wiesbaden, 1998
Lektorat: Ulrike M. Vetter

Der Gabler Verlag ist ein Unternehmen der Bertelsmann Fachinformation GmbH.

http://www. gabler-online.de

Höchste inhaltliche und technische Qualität unserer Produkte ist unser Ziel. Bei der Produktion und
Auslieferung unserer Bücher wollen wir die Umwelt schonen: Dieses Buch ist auf säurefreiem und
chlorfrei gebleichtem Papier gedruckt.

Die Wiedergabe von Gebrauchsnamen, Handelsnamen, Warenbezeichnungen usw. in diesem Werk
berechtigt auch ohne besondere Kennzeichnung nicht zu der Annahme, daß solche Namen im Sinne
der Warenzeichen- und Markenschutz-Gesetzgebung als frei zu betrachten wären und daher von
jedermann benutzt werden dürften.

Vorwort

⇒ **Einen neuen Kunden zu gewinnen kostet fünfmal soviel wie eine bestehende Kundenbeziehung zu erhalten!**

⇒ **Viele Unternehmen erzielen den größten Teil ihres Umsatzes und Gewinns mit Stammkunden!**

Seitdem sich diese Erkenntnisse in den Unternehmen durchgesetzt haben und die Akquisition neuer Kunden zunehmend schwieriger wird, kommt dem Kundenbindungsmanagement, Relationship-Marketing oder Beziehungsmanagement eine steigende Bedeutung zu.

Für die Anbieter der Automobilwirtschaft erlangen Strategien und Maßnahmen zur Kundenbindung eine besondere Bedeutung. Ihr Erfolg hängt davon ab, inwieweit es gelingt, durch einen langfristigen Dialog die Kundenloyalität zu pflegen und auszuweiten. Die Branche hat bei der Entwicklung von Kundenbindungsstrategien inzwischen eine Vorreiterrolle eingenommen. Zahlreiche erfolgreiche Konzepte können auch anderen Branchen als Anregung für eigene Strategien dienen.

Das Buch stellt Kundenbindungsstrategien als zentrale Bestandteile des Marketing vor. Die Grundlagen des After-Sales-Marketing werden ebenso erläutert wie das Database-Marketing als Voraussetzung für Kundenbindungsprogramme.

Nach einer Darstellung der Bedeutung von Kundenbindungsmanagement in der Automobilbranche werden die Programme verschiedener Automobilhersteller und -importeure anhand zahlreicher praktischer Beispiele dargestellt und bewertet. Dabei wird auch auf das besonders erfolgreiche Programm des Motorrad-Herstellers Harley-Davidson eingegangen.

Weiterhin wird die Rolle der Vertragshändler als unmittelbare Schnittstelle zum Kunden herausgearbeitet. Da die Erhöhung der Kundenzufriedenheit das zentrale Ziel des Kundenbindungsmanagement darstellt, werden schließlich verschiedene Ansatzpunkte zur Messung dieses Konstrukts aufgezeigt.

Ohne die Unterstützung zahlreicher Mitarbeiter von Automobilherstellern, Automobilhändlern und von Marketing-Agenturen, die für Gespräche zur Verfügung standen und uns teilweise sehr umfangreiches Material überließen, wäre dieses Buch nicht möglich. Wir danken für die Kooperationsbereitschaft, ohne alle Personen namentlich erwähnen zu können.

Einen besonderen Dank möchten wir Herrn Franz-Josef Brand aussprechen, Geschäftsführer der BTM Trade Marketing GmbH in Wiesbaden, der den Anstoß zu diesem Buch gegeben und es unterstützt hat, sowie Herrn Thomas Böhm, Geschäftsführer der Symbol Marketing GmbH in Wiesbaden, der uns umfangreiches Material zur Verfügung stellte. Herrn Jochen Link danken wir für die Hilfe bei der Anfertigung von Graphiken.

Mainz und Wiesbaden, im Februar 1998

Heinrich Holland
Stefan Heeg

Inhalt

Kundenbindungsmaßnahmen im Marketing von Automobilherstellern und -importeuren

1 Der Trend zum Kundenbindungsmanagement

In jüngster Zeit kommt dem Thema **Kundenbindung** ein steigendes Interesse in Wissenschaft und Praxis zu. Stagnierende Märkte und ein damit einhergehender Verdrängungswettbewerb, der die Akquisition neuer Kunden zunehmend erschwert, sind die Gründe für diese Entwicklung. Markterfolge hängen immer stärker von der intensiven Pflege des eigenen Kundenstammes ab. Dies wird verstärkt durch die zunehmende Austauschbarkeit von Produkten und Dienstleistungen und durch den wachsenden Kosten- und Ertragsdruck in vielen Unternehmen.

Dennoch legen die meisten Unternehmen auch heute noch den Schwerpunkt ihrer Marketing-Bemühungen auf die **Neukundengewinnung**. Die Marktforschung konzentriert sich auf Informationen über potentielle Kunden, (Marketing-) Budgets werden größtenteils dafür ausgegeben, neue Kunden anzusprechen, und kostspielige Werbekampagnen zielen darauf, Marktanteile durch neue Käufer zu gewinnen.

Auch die Personalhierarchie verdeutlicht diese Schwerpunktsetzung. Neukundengewinnung erfolgt durch den Marketing-Direktor, die Betreuung aktueller Kunden liegt dagegen in den Händen von untergeordneten Mitarbeitern oder Servicetechnikern.

Oftmals ist ein **Umdenkprozeß**, angefangen bei der Unternehmensleitung, vonnöten, damit Kundenbindung nicht mehr länger nur als notwendiges Übel betrachtet wird, sondern sich zu einem wirklichen Erfolgsfaktor für jedes Unternehmen entwickeln kann.

Die Anbieter der **Automobilwirtschaft** haben, weltweit gesehen, besonders unter den Folgen der jüngsten Rezession zu leiden. Aus diesem Grund erlangen Strategien und Maßnahmen zur Kundenbindung gerade in dieser Branche eine immer größere Bedeutung. Die Dauerhaftigkeit und das Ausmaß des Markterfolges werden zukünftig vor allem davon abhängen, inwieweit es den Automobilherstellern in Zusammenarbeit mit ihren Vertragshändlern gelingt, loyale Kundenpotentiale auf dem Wege eines flexiblen, langfristig angelegten Dialoges gezielt zu pflegen und auszuweiten.

Das Ziel dieses Buches ist es, den Einfluß der Kundenbindung auf die Kundenzufriedenheit aufzuzeigen sowie konkrete Gestaltungshinweise im Sinne eines vertikal integrierten **Kundenbindungsmanagements** zu liefern.

In Kapitel zwei werden **Kundenbindungsstrategien** als zentrale Bestandteile von Marketingstrategien präsentiert. Neben grundlegenden begrifflichen Abgrenzungen werden einerseits Gründe und Ziele, andererseits notwendige Voraussetzungen für die Durchführung von Kundenbindungsprogrammen erläutert.

Daran anschließend wird im dritten Kapitel auf die besondere Bedeutung der Kundenbindung in der **Automobilbranche** hingewiesen. Einer Darstellung einschneidender, zurückliegender Veränderungen schließen sich ein Überblick über die aktuelle Situation sowie ein Ausblick auf zukünftige Entwicklungstendenzen des Automobilmarktes in Deutschland an.

Auf der Basis von persönlichen und telefonischen Gesprächen mit Mitarbeitern der Automobilindustrie werden in Kapitel vier die Kundenbindungsprogramme verschiedener **Automobilhersteller** bzw. -importeure dargestellt und bewertet.

Das fünfte Kapitel zeigt, welche Maßnahmen die **Vertragshändler**, die die unmittelbare Schnittstelle zum Kunden bilden, zusätzlich zur Umsetzung der ihnen vom Hersteller vorgegebenen Kundenbindungsstrategie ergreifen können, um ein händler- und damit letztlich auch markenloyales Kundenpotential aufzubauen.

Das hypothetische Konstrukt Kundenzufriedenheit zu **messen** erweist sich als sehr problematisch, da sich Zufriedenheit ausnahmslos einer direkten Beobachtung entzieht. Vor diesem Hintergrund gibt Kapitel sechs einen Überblick über verschiedene Ansatzpunkte zur Messung von Kundenzufriedenheit als der dominierenden Erfolgsdimension des Kundenbindungsmanagements.

Eine kritische Betrachtung, die die gewonnenen Erkenntnisse **zusammenfaßt** sowie auf die Übertragung dieser erfolgreichen Kundenbindungssysteme auch auf andere Branchen hinweist, bildet den Abschluß.

2 Kundenbindung als zentraler Bestandteil von Marketingstrategien

2.1 Kundenorientierung

Die **Kundenorientierung**, auch als Bedürfnisorientierung, Marketingorientierung oder Kundennähe bezeichnet, bildet den zentralen Bezugspunkt des Marketingdenkens.

Dabei handelt es sich bei der Kundenorientierung nicht etwa um einen völlig neuen Erfolgsfaktor für die marktorientierte Unternehmensführung, sondern vielmehr um eine Addition wohlbekannter absatzpolitischer Maßnahmen zu einem spezifisch ausgestalteten **Marketingkonzept**, dessen Erfolg unter anderem von den Marktgegebenheiten abhängt (vgl. Albers, Eggert, 1988, S. 5).

So stellten Peters und Waterman in ihrem Bestseller „In Search of Excellence" bereits Anfang der 80er Jahre fest: „The excellent companies really are close to their customers. That's it. Other companies talk about it, the excellent companies do it." (Peters, Waterman, 1982, S. 156).

Ausgangspunkt aller Überlegungen zum Thema Kundenorientierung sind die Probleme, Wünsche und Bedürfnisse aktueller und potentieller Kunden. Diese zu erkennen und besser zu lösen bzw. zu befriedigen als der Mitbewerber, ist eine Voraussetzung für die Realisierung von **Wettbewerbsvorteilen**.

Die Kundenorientierung ist ein **dynamisches** Phänomen, das einer ständigen Überprüfung bedarf. Kurzfristig muß es ihr Ziel sein, den gegebenen Kundenwünschen gerecht zu werden, längerfristig gesehen bedarf es der permanenten Ermittlung zukünftiger Bedürfnisse.

Gleichzeitig ist es unabdingbare Voraussetzung für jede erfolgreiche Unternehmung, ihren **Mitarbeitern** die Bedeutung der Kundenorientierung ins Bewußtsein zu rufen, denn für die Umsetzung der Marketing-Philosophie ist es notwendig, daß sich das ganze Unternehmen mit allen seinen Mitarbeitern kundenorientiert verhält (vgl. Abbildung 1).

Abbildung 1: Glosse aus der FAZ zur Kundenorientierung beim Automobilkauf

---

Das ist nichts für dich, Marc-Oliver!
Von der subtilen Überzeugungskraft eines Autoverkäufers /
Mesalliance verhindert / Von Michael Fritzen

Zeit: Einer dieser Tage, an denen man was erleben kann.
Ort: Verkaufsraum eines Automobilhändlers in einer deutschen Großstadt, gediegen ausgestattet, helle freundliche Atmosphäre. Darin geschickt und dynamisch drapiert blitzendneue Personenwagen, untere Mittelklasse, Mittelklasse, gehobene Mittelklasse. Diskret verströmen sie jenen suchterzeugenden Duft von Qualität und Unberührbarkeit.

Ein Mann betritt den Pavillon, in dem sich sonst niemand befindet. Er ist um die Vierzig, gehobene Mittelklasse, in gutem Zustand, gepflegt; Anzug: serienmäßig; dezente Seidenkrawatte: Sonderausstattung. Er will ein Auto kaufen, er hat es schon auf ein bestimmtes abgesehen, sich gewissermaßen fast verliebt, will sich aber zuerst einmal informieren. Er möchte jetzt vor allem eine Preisliste haben und Tabellen über Maße und technische Daten. Der Mann wartet betrachtend.

Da - mit einem Mal kommt ein Verkäufer herein. Er streift den Besucher mit flüchtigem Blick, nickt ihm kurz zu und läßt sich an seinem Schreibtisch nieder. Er muß Papiere durchsehen.

Der Mann wartet noch einige Augenblicke, sagt dann noch mal freundlich: „Guten Tag". Der Verkäufer schaut auf, antwortet recht freundlich. „Guten Tag" und wendet sich wieder seinen Papieren zu. Mann: verharrt schweigend, in angedeutet demütiger Haltung. Verkäufer: blättert schweigend. Mann, nach geraumer Zeit, fast zaghaft: „Verzeihung!" Verkäufer, schaut auf, fragend und ein ganz klein wenig unwillig: „Ja?" Mann: „Ich hätte gerne eine Preisliste von ..." Verkäufer, guckt auf seine schöne Armbanduhr, erhebt sich ein ganz klein wenig ungnädig, greift mit abgewandtem Gesicht in ein Regal, zieht das Gewünschte hervor, reicht es, ein ganz klein wenig blasiert, dem Antragsteller: „Bitte". Mann: „Vielen Dank!" Verkäufer, wieder am Schreibtisch, aufblickend: „Bitte". Mann, schickt sich zum Gehen, sagt: „Auf Wiedersehen." Und leise, für sich: „Nein, wohl nicht: auf Wiedersehen."

Er wird nämlich plötzlich von der Empfindung überwältigt, daß diese Automarke, auf die er bis dahin emotional erpicht war, menschlich und ästhetisch nicht zu ihm paßt. Und eigentlich, meint er nun, sei das begehrte Objekt auch verhältnismäßig teuer. Und dann überkommt ihn ein tiefes Gefühl der Dankbarkeit, mehr noch der Bewunderung für das psychologische Geschick des Verkäufers: Der ist ja eigentlich ein Genie, der muß schon vor ihm gewittert haben, daß sein Produkt, trotz hoher Qualität und wunderschönen Designs, nicht das richtige für gerade diesen Kunden ist, nicht zu ihm paßt. Hätte er den Mann sonst - weit davon entfernt, ihm etwas aufschwätzen zu wollen, ganz im Gegenteil! - mit soviel Einfühlsamkeit und vornehm sparsamem Aufwand davon überzeugt?

Das ist guter, ein selbstloser Dienst am Kunden: Ohne den eigenen Vorteil, den der Firma im Auge zu haben, Kaufinteressenten, wenn's denn sein muß, von Fehlkäufen abzuhalten und sie so vor peinlichen Mesalliancen zu bewahren, sie sogar selbst zu dem Schluß kommen zu lassen: Das ist nichts für dich, Gregor, Eva oder Marc-Oliver.

Wir brauchen mehr solch altruistischer „Minus-Genies", die nicht auf Teufel komm raus Geld machen wollen, sondern Nächstenliebe üben, wo sie wirklich angebracht ist. Zwar kann man in Kaufhäusern immer häufiger Verkäufer antreffen, die sich lieber unterhalten, als zu bedienen - natürlich nur, um den Kunden daran zu hindern, Unnützes oder Unpassendes zu erwerben. Zwar gehen manche Verkäufer in demselben edlen Bestreben sogar so weit, den Kunden ganz zu ignorieren. Doch da geht es doch meist nur um Erdnüsse, Hemden, Taschenbücher oder CD's.

Im Autosalon aber wäre es um einen Lebensgefährten gegangen und um 47.000 Mark. Also, das ist einmalig human, was da abgegangen ist! Und gewiß zahlt sich diese Spielart der Mitmenschlichkeit am Ende auch aus: ideell, moralisch und finanziell. Finanziell für die Konkurrenz.

Quelle: Fritzen, 1996

2.2 Kundenzufriedenheit

Die **Kundenzufriedenheit** gilt als Grundlage des langfristigen Markterfolges und somit als fundamentales Ziel der Marketingpolitik. Sie dient als Gradmesser für die Erfüllung aktueller markt- und produkt- bzw. leistungsspezifischer Forderungen und Erwartungen der Kunden durch die Unternehmen und ist somit eine wesentliche Grundlage und Voraussetzung für deren wirtschaftlichen Erfolg.

Erwartungen gelten dabei als Bezugspunkte für das Zufriedenheitsurteil der Kunden. Sie beschreiben die Vorstellungen der Kunden über den Nutzen eines Produkts oder einer Dienstleistung (Ergebnis) über den Prozeß, mit dem der Kunde in den Genuß dieser Leistung kommt. Empfinden Kunden die Abweichung zwischen Erwartung und erhaltener Leistung als positiv, sind sie überzeugt. Werden die Erwartungen in etwa von der erhaltenen Leistung erfüllt, sind sie zufriedengestellt. Enttäuschte Kunden beurteilen hingegen die Abweichung zwischen Erwartung und erhaltener Leistung eindeutig als negativ (vgl. Meyer, Dornach, 1995, S. 35 f.).

Unzufriedenheit kann demnach beispielsweise aufgrund überhöhter Erwartungen seitens des Kunden und/oder unzureichender Leistung bzw. Leistungswahrnehmung entstehen.

Kundenzufriedenheit wird im allgemeinen als zentraler Indikator für die Qualität von Kundenbindungsmaßnahmen gesehen. Dabei besteht zwischen **Kundenzufriedenheit** und **Kundenbindung** bzw. -loyalität der in Abbildung 2 dargestellte Zusammenhang.

Abbildung 2: Der Zusammenhang zwischen Kundenzufriedenheit und Loyalität

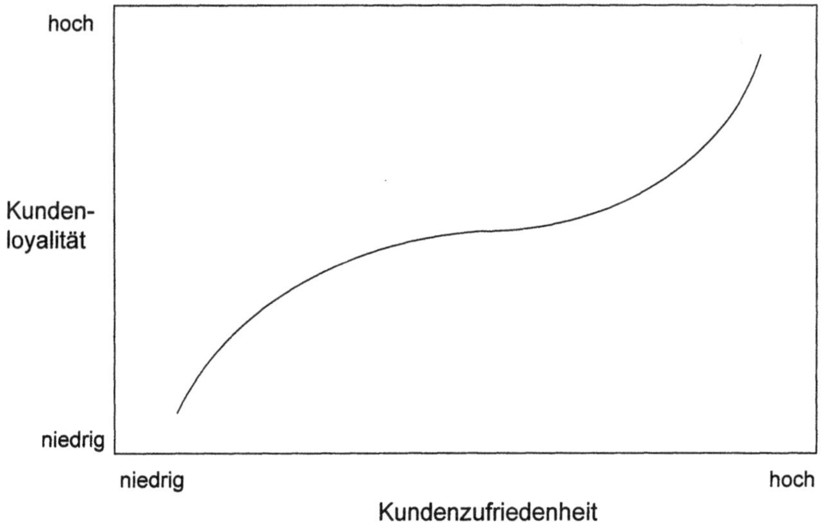

Quelle: Steichert, 1995, S. 7

Für die heutigen Unternehmen wird es - vorgenannten Zusammenhang vorausgesetzt - vor allem darauf ankommen, beim Kunden über dessen Basis-Anforderungen an ein Produkt, die er als selbstverständlich ansieht (z. B. ein Auto fährt, bremst und erfüllt die gesetzlichen Vorschriften) zusätzliche **latente Anforderungen** (z. B. der neuartige Gurtstraffer im Auto, der exzellente After-Sales-Service des Händlers oder der ledergebundene Straßenatlas als Geschenk) anzusprechen (vgl. Tescher, 1994, S. 385 f.).

Auf der Basis dieser Überlegungen wird auch deutlich, daß sich Kundenzufriedenheit im wesentlichen aus **zwei Determinanten** zusammensetzt: Aus der Zufriedenheit mit dem **Produkt** und dessen Qualität und aus der Zufriedenheit mit der Gestaltung des **After-Sales-Services**. Gerade unter den heutigen Marktbedingungen wird der zuletztgenannte Aspekt mit zunehmender Dauer der Geschäftsbeziehung immer mehr an Bedeutung gewinnen (vgl. Schütze, 1992, S. 8).

2.3 Kundenbindung und Relationship-Management

Kundenbindung, die auch als Kundentreue oder -loyalität bezeichnet wird, äußert sich in einem **Wiederkaufverhalten**. Der Kunde fragt nach einem Erstkauf weitere Leistungen des Unternehmens nach, vorausgesetzt, er war mit dem Produkt und dem Serviceverhalten zufrieden.

Gelingt es einem Unternehmen, seine Kunden an sich zu binden, wirkt sich dies **gewinn-steigernd** aus, indem sich Marktanteil und Umsätze bei gleichzeitiger Kostenreduktion erhöhen, wie in dem Kapitel über das After-Sales-Marketing weiter ausgeführt wird.

Je länger die **Stammkundenbeziehung** andauert, um so mehr Gewinn kann das Unternehmen aus dieser Beziehung erwirtschaften und um so dauerhafter und vielversprechender wird das Gewinnpotential.

Abbildung 3 verdeutlicht, aus welchen Elementen sich die **Gewinnpotentiale** mit Stammkunden zusammensetzen. Neben dem Basisgewinn werden sich im Laufe der Beziehung zusätzliche Gewinnbeiträge pro Kunde durch höhere Umsätze ergeben. Da der Stammkunde mit dem Unternehmen vertraut ist und Lerneffekte in dem Verhältnis zwischen Unternehmen und Kunde auf beiden Seiten realisiert werden, reduzieren sich die Kosten der Kundenbetreuung. Außerdem sind langjährige, treue Kunde oft nicht mehr so preissensibel und unterstützen das Unternehmen durch Mundwerbung bei der Neukundengewinnung.

In diesem Zusammenhang ist die Bedeutung des Relationship-Management bezüglich der Kundenbindung hoch anzusiedeln. Das **Relationship-Management** (auch Beziehungs-marketing, Beziehungs-Management, Relationship-Marketing) umfaßt „die Planung, Koordination und Kontrolle aller auf mögliche und bestehende Geschäftsbeziehungen ausgerichteten Aktivitäten eines Marketers" (Hentschel, 1991, S. 25).

Im Mittelpunkt des Beziehungsmarketing stehen die Sicherung der Kontinuität, Stabilität und Intensität einer ökonomisch attraktiven Beziehung zwischen Unternehmen und Kunden. Durch Referenzwirkungen und Weiterempfehlungen durch zufriedengestellte Kunden soll die Anbahnung neuer Beziehungen ermöglicht werden (vgl. Jeschke, 1995, S. 61 f.).

Ein effektives Beziehungsmarketing nutzt dabei vor allem solche **Instrumente**, die auf Interaktivität zwischen Hersteller und Kunden setzen und den Dialog mit vorhandenen und potentiellen Kunden führen. Durch diesen Dialog mit den Medien des **Direktmarketing** können neue Konsumententrends frühzeitig erkannt und strategische Korrekturen rechtzeitig eingeleitet werden.

Abbildung 3: Gewinnpotentiale durch Stammkundenbeziehungen

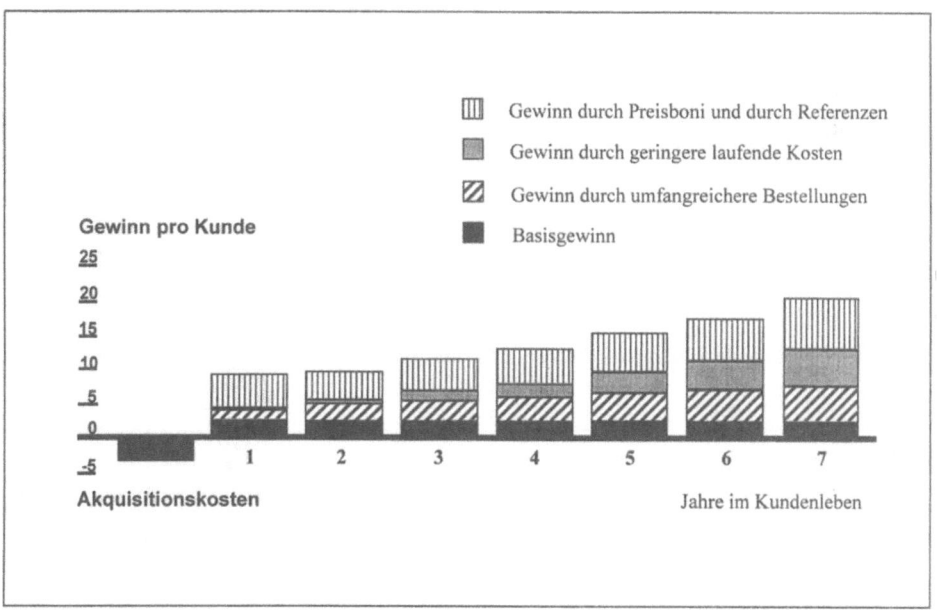

Quelle: Meyer, Dornach, 1995, S. 41

2.4 Gründe und Ziele von Kundenbindungsstrategien

2.4.1 Veränderte Rahmenbedingungen für die Kommunikation

Der Wertewandel

Traditionelle **Wertvorstellungen** verlieren heute zunehmend an Bedeutung. Bedingt durch einen höheren Bildungsstand und ein geändertes Informationsverhalten in unserer Gesellschaft, sind immer mehr Menschen in der Lage, ihr Verhalten an den eigenen Wertvorstellungen auszurichten (vgl. Holland, 1993, S. 7).

Jeder einzelne will seine individuellen Vorstellungen im Privat- wie auch im Geschäftsleben verwirklichen. Kunden werden somit immer anspruchsvoller; die Unternehmen müssen sich ständig anpassen. Kommunikation muß daher den „Nerv" der Kunden treffen, um langfristig erfolgreich zu sein (vgl. Kreutzer, 1991, S. 624). Die zunehmende Zersplitterung und Fragmentierung der Gesellschaft führt zu der Notwendigkeit einer immer **individuelleren Kundenansprache**. Diese Entwicklung zum „hybriden" Verbraucher, dessen Kaufverhalten situationsabhängig ganz unterschiedlich verläuft, macht das „Schubladen-Denken" früherer Marktsegmentierungsansätze hinfällig (vgl. Holland, Mienert, 1997, S. 106 f.).

Abbildung 4 gibt eine Übersicht über die Gründe für die Einführung von Kundenbindungsstrategien, die sich auf veränderte Rahmenbedingungen der Kommunikation zurückführen lassen, und die Ziele, die mit diesen Strategien verfolgt werden.

Abbildung 4: Gründe und Ziele von Kundenbindungsstrategien

Gründe:		Ziele:
Wertewandel →		→ Abbau von Dissonanzen
Fehlende USPs →	**Kundenbindungs-strategien**	→ Aufbau von Beziehungen
Informationsüber-lastung →		→ Sicherung von Beziehungen

Das Fehlen wirklicher USPs

Produkte werden immer austauschbarer, da in den meisten Branchen ausgereifte Technologien vorherrschen. Die Produktqualität wird zur Selbstverständlichkeit. Es besteht eine „technologische Pattsituation", was eine Profilierung über das reine Produkt sehr schwierig macht.

Eine **Unique Selling Proposition** (USP) kann somit besonders über eine individuelle Kundenbetreuung geschaffen werden. Wo die Produktqualitäten immer weniger zum qualifizierenden Merkmal werden, „kauft" der Kunde heutzutage einen vertrauenswürdigen Partner. Die Ansprüche seitens des Kunden an den Lieferanten gehen weit über die Produkteigenschaften hinaus. Soziale und „geistige" Beigaben bzw. Qualitäten machen somit aus Waren fragmentierte Erlebnisprodukte (vgl. Gerken, 1990, S. 55 f.).

Wenn viele Konsumenten der Meinung sind, daß die Qualität bestimmter Angebote gleich ist und es keine schlechten Produkte mehr gibt, wird die Beziehung zum Anbieter und die Qualität der Kundenbetreuung zum entscheidenden Erfolgsfaktor.

Die wachsende Informationsüberlastung

Tagtäglich wird der Mensch mit einer Vielzahl von Informationen über die unterschiedlichsten Medien konfrontiert. Nach Kroeber-Riel nehmen Konsumenten 98 % der ihnen in TV, Rundfunk, Zeitschriften und Zeitungen dargebotenen Informationen überhaupt nicht wahr. Angesichts dieser **Informationsüberlastung** muß die (Werbe-) Botschaft auf das spezifische Interesse des einzelnen ausgerichtet sein, um eine Wirkung zu erzielen (vgl. Kroeber-Riel, 1990a, S. 14).

Die **Zersplitterung der Medien** - eine explodierende Anzahl von Zeitschriften, Fernseh- und Hörfunkprogrammen - hat eine abnehmende Wirkung der klassischen Kommunikation zur Folge. Die Unternehmen müssen ihre Werbebudgets ständig ausweiten, um eine bestimmte angestrebte Reichweite zu erreichen.

In diesem Zusammenhang kommt den personalisierten und adressierten Werbemitteln im Rahmen des **Direktmarketing** eine immer größer werdende Bedeutung zu. Die Kontakthäufigkeit bzw. -regelmäßigkeit hat dabei einen entscheidenden Einfluß auf die Geschäftsbeziehung mit dem Konsumenten.

So ist es möglich und durchaus sinnvoll, jeden Kunden sechs- bis zwölfmal pro Jahr zu kontaktieren. Dies kann geschehen durch den Versand einer Kundenzeitschrift, das Verschicken des neuen Kataloges, die Einladung zu diversen Veranstaltungen sowie durch Weihnachts- bzw. Geburtstagsgrüße (vgl. Schüring, 1991, S. 181). Durch mehrstufige Direktmarketing-Aktionen kann die Kundenbindung intensiviert werden (vgl. Holland, 1992b, S. 24 ff.).

2.4.2 Abbau von Dissonanzen

Viele Konsumenten beginnen nach dem Kauf eines Produktes an der Richtigkeit ihrer Entscheidung zu zweifeln bzw. den Kauf als eine Störung ihres inneren Gleichgewichts zu empfinden. Dieses Phänomen bezeichnet man als **Nachkauf-Dissonanz** (vgl. Dichtl, Raffée, Potucek, 1982, S. 59).

Die Theorie der **Kognitiven Dissonanz** geht von der Hypothese aus, daß Individuen ein dauerhaftes Gleichgewicht ihres kognitiven Systems anstreben. Dabei umfassen **Kognitionen** Einstellungen, Meinungen, Wissen oder Erfahrungen von Personen. Die Summe aller Kognitionen eines Individuums und deren Beziehungen zueinander bilden ein kognitives System.

Besonders in der unmittelbaren Phase **nach einer Kaufentscheidung** vor allem bei Käufen, die mit größeren Ausgaben verbunden oder sozial sichtbar sind, treten beim Konsumenten beinahe zwangsläufig kognitive Ungleichgewichte auf. Diese resultieren aus widersprüchlichen (dissonanten) Beziehungen zwischen relevanten Kognitionen und werden mit dem Begriff der Kognitiven Dissonanz erfaßt.

Beim Kauf eines **Sportwagens** beispielsweise entsteht ein Konflikt zwischen dem Wissen um die hohen Kosten der Anschaffung und des Unterhalts und dem Wissen um Leistung, Fahrvergnügen und Prestigegewinn.

Je stärker nun die so entstandene Dissonanz ist, desto größer ist der Druck, diese wieder abzubauen, um zu einem neuen **inneren Gleichgewicht** zu finden. Der dissonante Käufer wird daher nach Argumenten und Sachverhalten suchen, die seine Entscheidung rechtfertigen, also die positiven Aspekte des gekauften Produktes betonen, während für die nicht gewählten Alternativen negative Aspekte stärker hervorgehoben werden.

Die Psychologie hat die unterschiedlichsten Strategien zur **Reduktion** der kognitiven Dissonanz beschrieben. So können Inkonsistenzen aus dem Bewußtsein verdrängt oder durch die selektive Wahrnehmung vermieden werden (vgl. Kroeber-Riel, 1990b, S. 178). Gerade nach dem Kauf eines Automobils wird diese Reduktion von kognitiven Dissonanzen deutlich, wenn man die Leserbriefe von Fahrern eines bestimmten Modells in einer Automobilzeitschrift liest, die dieses Auto bei einem Test schlecht bewertet hat.

In diesem Zusammenhang erlangen **Kundenbindungsstrategien** eine immens hohe Bedeutung. Der Kunde, der sich im obigen Beispiel für den Kauf des neuen Sportwagens entschieden hat, wird nun nach Argumenten suchen, die die Richtigkeit seiner Entscheidung unterstützen.

Tritt ihm nun beispielsweise der Verkäufer mit der gleichen Freundlichkeit gegenüber wie vor der Vertragsunterzeichnung oder erhält er einige Wochen nach der Fahrzeugauslieferung einen Brief, in dem ihm der Generaldirektor des Herstellers persönlich zu seinem neuen Auto gratuliert, wird dies wesentlich zu seiner Zufriedenheit beitragen.

Hat der Kunde hingegen das Gefühl, daß er **wertlos** für seinen Vertragspartner geworden ist, nur weil dieser sein Ziel, sprich die Vertragsunterzeichnung, erreicht hat, wird er mit hoher Wahrscheinlichkeit den inneren Schluß ziehen, seine Kaufentscheidung sei nicht die richtige gewesen. Dieser Kunde ist zumeist für das Autohaus, unter Umständen sogar für das Produkt (den Hersteller) verloren.

Auch bei der Gestaltung von **Werbebotschaften** ist der kognitiven Dissonanz Rechnung zu tragen. So ist es in der Automobilindustrie bekannt, daß Autoanzeigen besonders intensiv von solchen Personen wahrgenommen und bewertet werden, die das beworbene Auto kürzlich gekauft haben (vgl. Abbildungen 19 und 21).

2.4.3 Aufbau und Sicherung von Beziehungen

2.4.3.1 Bedeutung der Kundenbindung

Aufgrund der geschilderten heutigen Marktbedingungen und des wachsenden Kosten- und Ertragsdrucks in vielen Unternehmen gewinnen Aspekte der **Kundenbindung** als Erfolgsfaktoren im Wettbewerb zunehmend an Bedeutung. Zahlreiche Studien weisen auf die Wichtigkeit der Thematik Kundenbindung hin.

Folgende Statements geben einen kurzen Überblick (vgl. Scharioth, 1993, S. 22, Hothum, 1993, S. 39, Wachter, Haupt, 1995, S. 51, Töpfer, Mann, 1996, S. 26):

⇒ Einen Neukunden zu **gewinnen** kostet etwa fünfmal soviel wie die Erhaltung einer bestehenden Kundenverbindung.

⇒ Marketing orientiert sich heute noch überwiegend an der Realisation von Erstverkäufen. Dabei wird völlig übersehen, daß 65 % des Umsatzes mit **Stammkunden** erfolgt.

⇒ Fünf Prozent weniger **Abwanderungen** von bestehenden Kunden steigern den Kundenwert um bis zu 75 Prozent.

⇒ Die Wahrscheinlichkeit, daß ein **sehr** zufriedener Kunde **nachbestellt**, ist dreimal höher als bei einem nur zufriedenen Kunden.

⇒ Ein über einen längeren Zeitraum durch ein Unternehmen zufriedengestellter Kunde gibt seine **Erfahrungen** an durchschnittlich drei Personen weiter, ein unzufriedener Kunde hingegen an durchschnittlich elf.

⇒ Nur das Unternehmen, das seine Kunden langfristig zufriedenstellt, kann somit auf die **Mundpropaganda** als ein gezielt eingesetztes Marketing-Instrument bauen.

⇒ 95 % der verärgerten Kunden bleiben dem Unternehmen treu, wenn ihr Problem innerhalb von 5 Tagen gelöst wird.

⇒ Amerikanische Dienstleister verwenden 30 % der Gesamtkosten für **Nachbesserungen**.

⇒ Jeder Prozentpunkt nachhaltig erhöhter Kundenzufriedenheit steigert die Rentabilität (gemessen als **ROI**) um 7,25 %.

Für ein Unternehmen ergeben sich nun mehrere Möglichkeiten, eine Beziehung zu seinen Kunden aufzubauen und diese zu erhalten. Im folgenden sollen zwei bevorzugte **Kundenbindungsinstrumente** kurz dargestellt und erläutert werden.

2.4.3.2 Kundenkontaktprogramm (KKP)

Viele Unternehmen, vor allem in der Automobilbranche, bedienen sich zur Steigerung der Kundenzufriedenheit und - darauf aufbauend - einer langfristigen Kundenbindung einer Strategie, in der Kundenbetreuung und ein überlegenes Service-Marketing in ein sogenanntes **Kundenkontaktprogramm** (KKP) münden.

Bei einem KKP handelt es sich um ein zentral entworfenes, regional umgesetztes **Direktmarketing-Programm**, das über unaufdringliche Präsenz zu einer emotionalen Verbundenheit des Kunden mit dem Produkt bzw. dem Händler führt (vgl. Meffert, Wagner, Backhaus, 1994, S. 65).

Kundenkontaktprogramme haben meist eine lange Laufzeit (drei bis fünf Jahre). Das Wesentliche an solchen Programmen ist:

⇒ Der **Beginn** der Maßnahme wird durch den Kunden selbst bestimmt, z. B. durch den Abschluß eines Kaufvertrages.

⇒ Die weitere **Kontaktpflege** richtet sich nach den jeweiligen Eckdaten, z. B. dem Datum des Kaufvertragsabschlusses.

⇒ Der **Ablauf** der zuvor festgelegten Kontaktfolge richtet sich demnach an individuellen Daten aus, das heißt es werden Aussendungen verschiedenster Art und in wechselnder Anzahl verschickt.

Ein Kundenkontaktprogramm erfordert eine zentrale **Kundendatenbank** mit lokaler Datenpflege, ein modulares Angebot, Kreativität bei der Kundenansprache sowie leistungsfähige Logistikpartner. Die Abwicklung des Kundenkontaktprogrammes wird zumeist von einer **externen Agentur** im Auftrag des jeweiligen Unternehmens durchgeführt.

Bei Kundenkontaktprogrammen lassen sich aktions- und zeitgesteuerte Programme unterscheiden, wobei häufig beide Möglichkeiten kombiniert eingesetzt werden.

⇒ Bei **Aktionsprogrammen** wird eine genau definierte Gruppe von Zielpersonen immer gleichzeitig zu bestimmten Zeitpunkten beispielsweise mit firmeneigenen Kundenzeitschriften angesprochen.

⇒ Bei **zeitgesteuerten Programmen** wird der Beginn durch ein Ereignis ausgelöst, das vom Kunden ausgeht. Die Kontaktfolge läuft anschließend für jeden Adressaten individuell ab.

Die Abbildung 5 zeigt ein allgemeines Musterbeispiel für ein Kundenkontaktprogramm.

Abbildung 5: Beispiel für ein Kundenkontaktprogramm

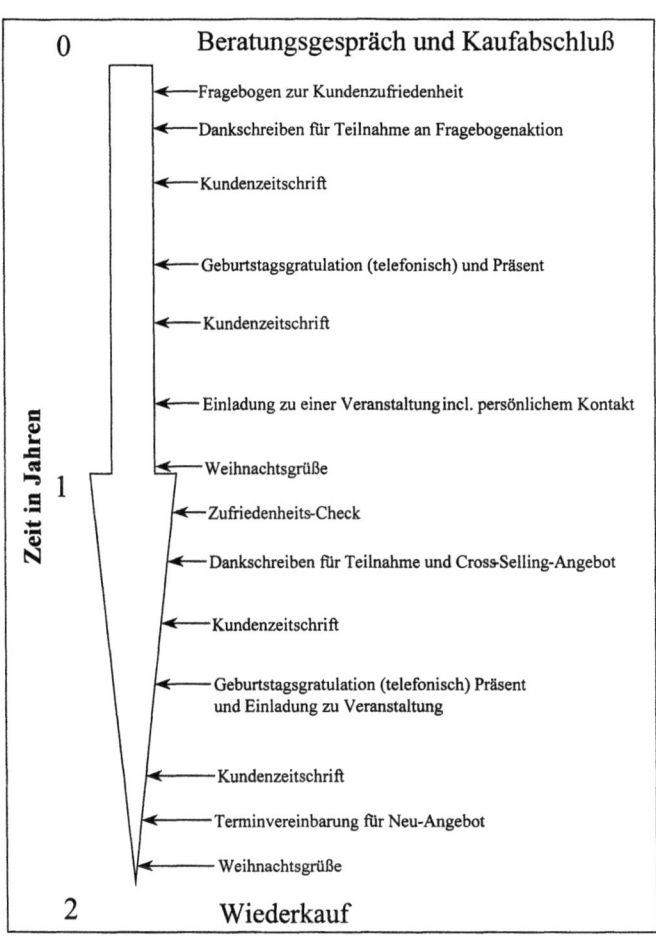

Quelle: in Anlehnung an: Link, Hildebrand, 1993, S. 72, AZ Direct Marketing Bertelsmann

2.4.3.3 Kundenclub

Der **Kundenclub** wird als Marketing-Instrument immer beliebter, und viele Unternehmen sehen in ihm ein fast ideales Patentrezept zur Intensivierung des Kontaktes zwischen Anbieter und Kunden.

Die vier wesentlichen **Ziele** eines Kundenclubs sind (vgl. Butscher, 1994, S. 39):

⇒ **Bindung** von Kunden (insbesondere Stammkunden),
⇒ **Neukundengewinnung**,
⇒ Aufbau bzw. Optimierung einer **Kundendatenbank** und die
⇒ Erhöhung des **Umsatzes** bzw. des Marktanteils.

Primäres Ziel eines Kundenclubs ist die Kundenbindung. Beim Kunden soll eine stärkere Identifikation mit dem Produkt erreicht werden, die sich letztlich in **Wiederholungskäufen** niederschlägt.

Kundenclubs entwickeln sich darüber hinaus auch mehr und mehr zum Instrument der **Kundengewinnung**. Dieses Ziel wird entweder durch so attraktive Leistungen erreicht, daß Personen das Produkt kaufen, um zusätzlich die Möglichkeit der Club-Mitgliedschaft zu bekommen oder durch Mund-zu-Mund-Propaganda von Club-Mitgliedern an Dritte.

Da die Club-Mitglieder in der Regel zum größten Teil eine besondere Beziehung zum Basisprodukt haben (Liebhaber, Sammler, etc.), ist es möglich, mit Hilfe ihrer Angaben eine **Datenbank** aufzubauen, die Aufschluß über statistische Daten, Interessensbereiche und auch über das Kaufverhalten gibt.

Das Ziel, direkt über den Kundenclub den Umsatz zu steigern, den Club quasi als **Profit-Center** zu führen und somit den Marktanteil nachhaltig zu erhöhen, ist selten zu erreichen (vgl. Zorn, 1991, S. 111).

Es lassen sich **zwei Arten** von Kundenclubs unterscheiden.

Offene Clubs sind für jeden frei zugänglich und erheben weder eine Aufnahmegebühr noch einen Mitgliedsbeitrag. Durch die fehlende Zugangsbarriere sprechen sie grundsätzlich die Gesamtzielgruppe ihres Initiators an, was ihre Mitgliederzahl in der Regel sehr hoch werden läßt. Offene Kundenclubs finanzieren sich in erster Linie aus dem Marketing-Etat. Dies ist zugleich der entscheidende Nachteil dieser Clubform, denn durch das Finanzierungsproblem können sie ihren Kunden meist nur stark eingeschränkte Serviceleistungen anbieten (vgl. Wiencke, Koke, 1994, S. 20).

Geschlossene Kundenclubs verlangen für die Inanspruchnahme der Clubleistungen einen Mitgliedsbeitrag und eine Beitrittserklärung. Sie bieten den Mitgliedern eine regelmäßige Kommunikation über die Club-Zeitschrift und/oder Mailings, offerieren ihnen bestimmte Zusatzleistungen und bauen so eine emotionale Bindung zum Club-Thema und damit zum Unternehmen auf.

Bei der Ausgestaltung von Kundenclubs sind die **rechtlichen Rahmenbedingungen** zu beachten.

Das Leistungsangebot eines Kundenclubs wird durch das deutsche Rabattgesetz, durch die Zugabeverordnung und durch die in § 1 des Gesetzes gegen unlauteren Wettbewerb (UWG) geregelte sittenwidrige Werbung stark eingeschränkt. So dürfen Sonderkonditionen nicht ausschließlich den Club-Mitgliedern angeboten werden, sondern müssen laut Rabattgesetz auch den Nicht-Mitgliedern zugänglich sein.

Um die Regelungen des **Rabattgesetzes** umgehen und ausschließlich den Club-Mitgliedern Rabatte gewähren zu können, muß der Kundenclub zum wirtschaftlich und rechtlich unabhängigen Dienstleister werden, der selbständig und auf eigene Rechnung die Leistungen einkauft und diese mit eigenen Preisen an die Mitglieder weitergibt (vgl. Wiencke, Koke, 1995, S. 186).

Die **Zugabeverordnung** untersagt es, mit dem Verkauf eines Produktes eine Zugabe zu verbinden, die über einen Bruchteil des Hauptproduktwertes hinausgeht.

Schließlich verbietet das **UWG** einem Kundenclub, seinen Mitgliedern wettbewerbs-hemmende Rabatte zu gewähren, die gegen die guten Sitten verstoßen. Daß dies in der Praxis dennoch häufig geschieht und auch geduldet wird, liegt lediglich am fehlenden Kläger (vgl. Wiencke, Koke, 1994, S. 4).

2.5 After-Sales-Marketing

2.5.1 Bedeutung des After-Sales-Marketing

Im Mittelpunkt der Marketingtheorie und -praxis stand lange Zeit die Phase vor dem **Erstkauf** eines Produktes oder einer Dienstleistung; es herrschte eine verkaufsorientierte Sicht des Marketing vor.

Mit der in den letzten Jahren zunehmenden Diskussion von Begriffen wie Kunden-zufriedenheit, Kundenbindung und Kundenorientierung rückt die **Nachkaufphase** mehr und mehr in das Zentrum von Marketingstrategien (vgl. Jeschke, 1995, S. 1 f.). Von dem Verlauf der Nachkaufphase hängen schließlich die Wiederholungskäufe durch bereits gewonnene Kunden ab.

Der Kunde mit seiner individuellen Kundenbeziehung rückt in den Mittelpunkt des Interesses und der Anstrengungen. Nach den Phasen der Orientierung auf die Neukundengewinnung werden nun in der Zeit verschärfter Marktbedingungen die Potentiale erkannt, die in dem bestehenden **Kundenbestand** vielfach noch ungenutzt schlummern.

Der langfristige Erfolg eines Unternehmens hängt davon ab, ob es gelingt, eine dauerhafte Kundenzufriedenheit zu erreichen, die zum Wiederkauf und damit zu einer **langfristigen Kundenbeziehung** führt.

Durch diese Konzentration auf die After-Sales-Phase gilt es, Marketingmaßnahmen zu entwickeln, die auf diese Phase ausgerichtet sind. **After-Sales-Marketing** kann definiert werden als die Gesamtheit der „Marketingaktivitäten einer Unternehmung, die nach erfolgtem Kauf einsetzen oder ihre Wirkung entfalten und darauf gerichtet sind, Konsumenten im Rahmen dauerhafter Marktbeziehungen zufriedenzustellen und an die Unternehmung zu binden" (Jeschke, 1995, S. 67).

Die **Kundenbindung** stellt somit als Ausdruck einer von hoher Kundenzufriedenheit geprägten dauerhaften Geschäftsbeziehung das zentrale Ziel dar.

After-Sales-Marketing umfaßt einerseits die Philosophie und die **Strategie** der langfristigen Kundenbindung und andererseits die konkreten **Maßnahmen** aus den Bereichen Kommunikations-, Service-, Beschwerde- und Distributionspolitik zur dauerhaften Zufriedenstellung der Konsumenten.

Die Kundenbeziehung beinhaltet mehrere **Kundenkontakte**, wobei jeder einzelne Kontakt dem Anbieter die Möglichkeit gibt, die Beziehung weiter aufzubauen. Wichtig ist dabei, „den Kunden dort abzuholen, wo er in der Beziehung steht" (Tomczak, Belz, 1994, S. 370). Nur wenn der Anbieter diese Chancen nutzt, indem er die individuellen Bedürfnisse des Kunden in Abstimmung mit der bestehenden Beziehung berücksichtigt, wird eine weitere Stufe auf dem Weg zu einer langfristigen Kundenbindung erreicht.

Die Kundenbindung baut sich prozessual auf, wobei **fünf Stufen** unterschieden werden können (vgl. Tomczak, Belz, 1994, S. 370):

⇒ 1. Stufe: Kontaktaufnahme
⇒ 2. Stufe: Erste Leistungsnutzung
⇒ 3. Stufe: Bewertung
⇒ 4. Stufe: Vertrauen
⇒ 5. Stufe: Bindung

Von der ersten Kontaktaufnahme bis hin zur Kundenbindung verändert sich die **Kundenbeziehung** stetig. Erfahrungen werden gesammelt und akkumuliert, Erwartungen werden angepaßt, Vertrauen muß sich aufbauen und die Zufriedenheit muß sich erhöhen, wenn eine Kundenbindung entstehen soll. In jeder Stufe bieten sich unterschiedliche Ansätze und Chancen für konkrete **Kundenbindungsmaßnahmen**.

Das Kundenbindungsmanagement beginnt mit der 1. Stufe, der Kontaktaufnahme, schon vor dem ersten Kauf, so daß eine Integration von **Pre-Sales- und After-Sales-Marketing** notwendig ist.

Ausgehend von den **Kundenbedürfnissen**, die meist noch sehr unkonkret sind, über die konkretisierten **Anforderungen** und **Kundenerwartungen** hat das Unternehmen den Kaufverhaltensprozeß zu analysieren (vgl. Abbildung 6). Nach dem Kauf entwickelt sich bei verspürter **Kundenzufriedenheit** eine **Loyalität** und **Bindung** an das Unternehmen.

Abbildung 6: Wirkungskette

Kundenbedürfnisse	(Was der Kunde braucht)	
Kundenanforderungen	(Was der Kunde haben will)	
Kundenerwartungen	(Was der Kunde auch von anderen Unternehmen bekommt)	
Kundenzufriedenheit	(Wie der Kunde die Leistung bewertet)	⇒ Keine kognitiven Dissonanzen
Kundenloyalität	(Wie der Kunde gegenüber der Marktleistung bzw. dem Unternehmen eingestellt ist)	⇒ Keine Irritationen und keine Ambitionen zu wechseln
Kundenbindung	(Wie der Kunde sich in Zukunft gegenüber dem Unternehmen verhält)	⇒ Kunde kauft auch in Zukunft bei uns

Quelle: Töpfer, Mann, 1996, S. 30

Ein weiteres Modell zur Darstellung des Aufbaus einer Kundenbindung, das im Direktmarketing häufig verwendet ist, ist die **Loyalitätsleiter** (vgl. Abbildung 7). Sie zeigt den Weg eines potentiellen Kunden, der noch keine Kenntnisse von dem Unternehmen und seinen Angeboten hat, hin zum loyalen Stammkunden.

Abbildung 7: Loyalitätsleiter

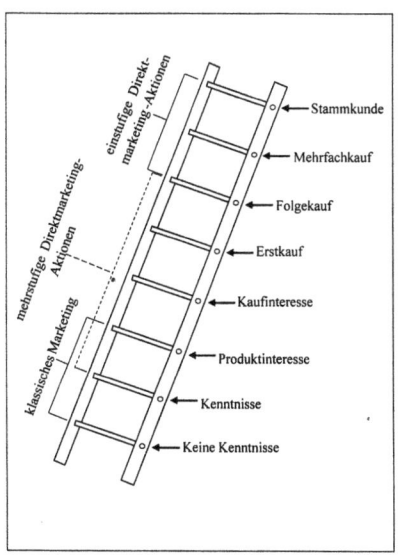

Quelle: Holland, 1993, S. 58

2.5.2 Zielsystem des After-Sales-Marketing

Wenn also eine Marketingphilosophie angestrebt wird, die die Erzeugung und Sicherstellung dauerhafter Kundenzufriedenheit in den Mittelpunkt stellt, wird diese Kundenzufriedenheit die **zentrale Plan- und Kontrollgröße** des After-Sales-Marketing-Zielsystems, wie die Abbildung 8 zeigt.

Abbildung 8: Zielsystem des Marketing

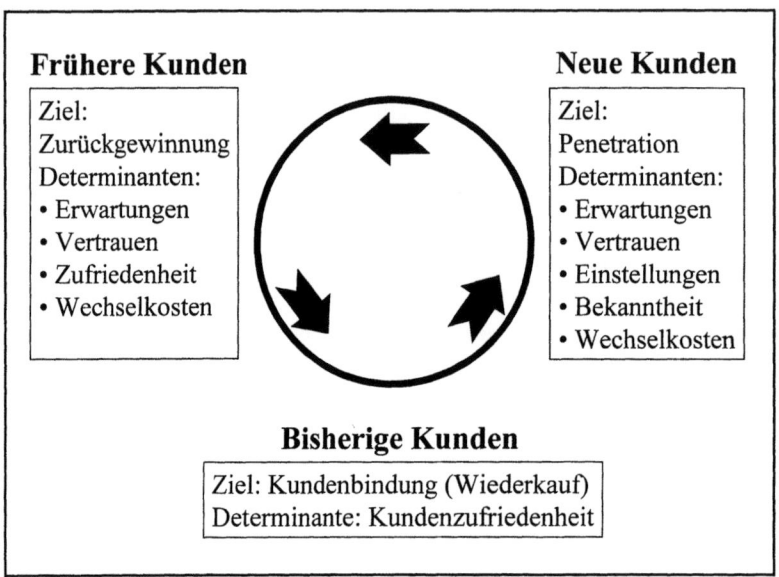

Quelle: Raab, 1996, S. 21, in Anlehnung an: Schütze, 1992, S. 72

Die Abbildung 8 verdeutlicht die Ziele und Determinanten, die im Marketing in bezug auf neue Kunden, frühere Kunden und bisherige Kunden relevant sind, wobei hier der Schwerpunkt auf den bisherigen Kunden liegt.

Im folgenden soll eine Aufteilung der Zielgrößen des After-Sales-Marketing in quantitative und qualitative Ziele erfolgen.

Die **quantitativen** oder ökonomischen Ziele zeichnen sich durch ihre monetäre Meßbarkeit aus und beinhalten Größen wie Umsatz, Marktanteil, Kosten oder Gewinn.

Die **qualitativen** oder vorökonomischen Ziele umfassen psychographische oder kommunikative Inhalte und ordnen der Kundenzufriedenheit eine eigenständige Bedeutung im Zielsystem des Unternehmens zu.

Kosten zur Sicherung der Kundenzufriedenheit, beispielsweise durch eine aktive Nachkauf-betreuung, werden als **Investitionen in die Zukunft** angesehen, die zwar kurzfristig den Gewinn reduzieren, langfristig jedoch zum „Aufbau spezifischer Loyalitäts-, Umsatz-, Gewinnpotentiale und damit zur dauerhaften Existenzsicherung einer Unternehmung" beitragen (Jeschke, 1995, S. 198).

Eine hohe Kundenzufriedenheit führt dabei zu einer verstärkten Kundenbindung, damit zu einer stabilen Kundenbeziehung und zu Wiederholungskaufverhalten. Schließlich kann sie auch zur Weitergabe positiver Erfahrungen an Dritte, also zu Mundwerbeaktivitäten führen. Somit wird die **Vernetzung** der Kundenzufriedenheit mit den ökonomischen Zielen des After-Sales-Marketing deutlich, die in der Abbildung 9 dargestellt wird.

Abbildung 9: Kundenbindung im Zielsystem der Unternehmung

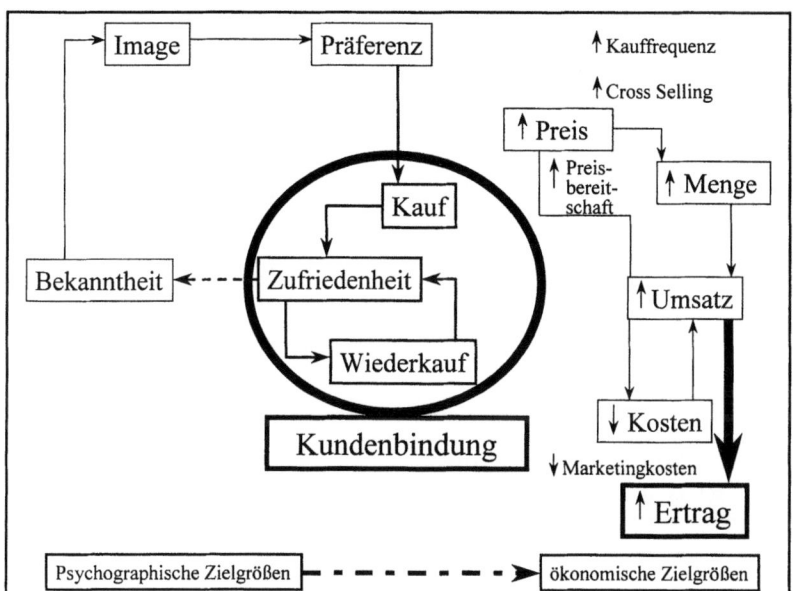

Quelle: Meffert, 1994, S. 314

Die Abbildung verdeutlicht modelltheoretisch die Zusammenhänge zwischen den Zielgrößen Kundenbindung, Kundenzufriedenheit und Ertrag. Die Kundenbindung ist die zentrale psychographische Zielgröße mit erheblichen Auswirkungen auf die ökonomischen Ziele. So kamen empirische Untersuchungen in den USA zu dem Ergebnis, daß eine Steigerung der **Wiederkaufrate** bei Banken um 5 % zu **Gewinnsteigerungen** von 35 % führen (vgl. Nagel, 1993, S. 158 f.).

Die Ursachen hierfür, ein steigender Umsatz bei gleichzeitiger Kostenreduzierung, lassen sich anhand der Abbildung 9 interpretieren.

Die **Umsatzsteigerung** kommt zum einen durch die Steigerung der Mengenkomponente zustande, die wiederum aus einer steigenden Kauffrequenz und Absatzmenge und einer wachsenden Vertrautheit sowie Nutzung von Cross-Selling-Potentialen resultiert. Ferner führt die bei langjährigen Kundenbeziehungen empfundene Risikoreduktion zu einer abnehmenden Preiselastizität der Nachfrage und damit zur Durchsetzbarkeit höherer Preise. Schließlich sind bei einer langfristigen Kundenbeziehung **kostenreduzierende** Wirkungen zu realisieren, da Lerneffekte in dem Kontakt zwischen Kunde und Anbieter sowie Einsparungen von Marketingkosten erreicht werden können (vgl. Meffert, 1994, S. 313 f.).

2.5.3 Qualitative Ziele des After-Sales-Marketing

Die **Kundenbindung** als zentrale **qualitative** Zielgröße des After-Sales-Marketing oder Kundenbindungsmanagement erfordert eine aktive Gestaltung der Nachkaufphase. Die intensive und individualisierte Pflege der Kundenbeziehung dient dem „Abbau psychischer, kognitiver und finanzieller Wechselkosten der Kunden" und stellt einen wirksamen Schutz gegen verdrängungsorientierte Wettbewerbsaktivitäten dar (Jeschke, 1995, S. 200).

Ein weiteres qualitatives Ziel besteht in der Erzeugung positiver sowie der Vermeidung negativer **Mundwerbung** (vgl. Abbildung 10). Die Bedeutung dieses Ziels ergibt sich daraus, daß unzufriedene Kunden vielen Personen von ihren Problemen erzählen. Als Instrument zur Zielerreichung dient ein aktives Beschwerdemanagement.

Abbildung 10: Ausgewählte Einzelziele des After-Sales-Marketing

```
┌─────────────────────────────────────────────────────────┐
│           Zentrale Zielsetzung:                         │
│           KUNDENZUFRIEDENHEIT                            │
│                                                         │
│  Qualitative Einzelziele        Quantitative Einzelziele│
│  vorökonomische Größen          ökonomische Größen      │
│                                                         │
│  hohe Kundenbindung             Steigerung von Absatz,  │
│                                 Umsatz, Ertrag          │
│                                                         │
│  positive Mundwerbung           hohe Wiederkaufraten    │
│                                                         │
│  nachkauforientiertes Image     Senkung von             │
│                                 Marketingkosten         │
│                                                         │
│  kundeninitiierte Informationen Begrenzung              │
│                                 ökonomischer Risiken    │
└─────────────────────────────────────────────────────────┘
```

Quelle: Raab, 1996, S. 24, in Anlehnung an: Jeschke, 1995, S. 200

Die positive Mundwerbung beeinflußt auch das **nachkauforientierte Image** als weiteres qualitatives Ziel. Durch eine zufriedenstellende Produkt- und Servicequalität sowie eine kundenindividuelle Betreuung, somit eine kundenorientierte Unternehmenskultur, soll ein positives Image bei den Kunden erreicht werden.

Eine weitere Zielgröße stellt die Generierung **kundeninitiierter Informationen** zur Produkt- und Servicequalität, aktuellen Problemen, Erwartungen oder Anspruchsniveaus dar. Erst durch die Nutzung einer Dialog-Kommunikation mit dem Kunden wird ein Wandel von der Produkt- zur Kundenorientierung ermöglicht. Der Dialog mit dem Kunden erlaubt somit durch eine bessere Information über die Kundenbedürfnisse, Produkte und Service in einer zufriedenstellenden Qualität bereitzustellen. Dies ist der wesentliche Faktor zur Erreichung der zentralen Zielsetzung Kundenzufriedenheit (vgl. Nagel, 1993, S. 161).

2.5.4 Quantative Ziele des After-Sales-Marketing

Die qualitativen Ziele sind die **Voraussetzung** für die Erreichung von quantitativen After-Sales-Marketing-Zielen. Die Kundenzufriedenheit führt zu einer Erhöhung der Kunden-bindung, womit die Wahrscheinlichkeit für Wiederholungs- und Folgekäufe steigt, die sich dann wiederum in ökonomischen Zielen äußern.

Quantitative Ziele beziehen sich zunächst auf **Absatz-, Umsatz- und Gewinnziele**, die einen eher operativen Charakter aufweisen (vgl. Abbildung 10). Aber auch Wiederholungs- oder **Folgekäufe**, die sich beispielsweise auch in Up-Trading- und Cross-Selling-Zielen äußern können, lassen sich als Zielgrößen definieren.

Außerdem sind die Ziele von Bedeutung, die zu einer Senkung der **Marketingkosten** führen. Empirische Studien und praktische Erfahrungen zeigen, daß die Kosten einer aktiven Kundenbetreuung nur 15 % bis 20 % der Kosten zur Erstkundenakquisition betragen (vgl. Jeschke, 1995, S. 203).

Somit ist es fünf- bis sechsmal teurer, einen neuen Kunden zu gewinnen, als einen bisherigen Kunden zu behalten. Dies ist dadurch zu erklären, daß der Break-Even-Point einer Neukundengewinnung in der Regel nicht mit dem ersten Kauf erreicht wird, sondern erst nach vielen Folgekäufen (vgl. Abb. 3).

Eine aktive Kundenpflege trägt zu einer Verringerung der Abwanderungsrate bei, so daß sich kostenintensive Aktionen zur Rückeroberung (**Reaktivierung**) verlorener Kunden oder Kompensation der Abwanderung durch Neukundengewinnung vermeiden lassen.

Schließlich ist unter dem Ziel der ökonomischen **Risikobegrenzung** zu verstehen, daß eine hohe Zahl loyaler Stammkunden im Fall kritischer Marktphasen oder produktbezogener Marktschwächen zu einer Abmilderung der ökonomischen Folgen führen (vgl. Jeschke, 1995, S. 203 f.).

2.6 Database-Marketing als Voraussetzung für die Durchführung von Kundenbindungsprogrammen

2.6.1 Aufgaben der Database

Für die Unternehmen stellt sich heute aufgrund der Trends zu einer größeren **Individualisierung** der Konsumenten, einer stärkeren **Segmentierung** der Märkte sowie einer allgegenwärtigen Reizüberflutung der Abnehmer die Frage, welche Möglichkeiten es gibt, die immer kleiner werdenden Zielgruppen effizient anzusprechen.

In diesem Zusammenhang wird in fast allen Branchen versucht, den direkten Kontakt zum Kunden zu suchen und aufzubauen. Ein vielversprechendes Instrument mit höchster Zielgruppen-Orientierung stellt das **Direktmarketing** dar.

Die **Fragmentierung** der Märkte ist einer der wichtigsten Gründe für die Entwicklung des Direktmarketing. Vom Massenmarketing über das Marktlücken- oder Marktnischenmarketing hat sich ein Direktmarketing mit individueller Zielpersonenansprache entwickelt (vgl. Holland, 1993, S. 7 f.).

Unter **Direktmarketing** versteht man einerseits
- Marketingaktivitäten mit direkter, gezielter Ansprache der Zielpersonen und andererseits
- Marketingaktivitäten, die mit mehrstufiger Kommunikation den direkten Kundenkontakt herstellen wollen (vgl. Holland, 1993, S. 4).

Um mit Hilfe des Direktmarketing einen kontinuierlichen und individualisierten Dialog zum Kunden im Rahmen des After-Sales-Marketing zu realisieren, bedarf es einer marketingorientierten **Kundendatenbank**. In dieser Database sind Informationen über den Kunden gespeichert, die Aufschlüsse über seine Bedürfnisse, seine Kaufmotive, sein Nachfragepotential und seine bisher getätigten Käufe geben (vgl. Link, Hildebrand, 1995, S. 36).

Database-Marketing ist eine Methode, Informationen und Kenntnisse über Kunden und Märkte für den Einsatz des Marketing-Instrumentariums zielgerichtet zu nutzen (vgl. Holland, 1993, S. 66). Dadurch wird es möglich, individuell und interaktiv mit den Kunden, Interessenten oder Zielpersonen zu kommunizieren. Durch Database-Marketing kann eine größere Zielgenauigkeit bei der Segmentierung der Märkte erreicht werden, die Geschäfts- und Kundenbeziehungen lassen sich besser analysieren, steuern und nutzen (vgl. Holland, 1992d, S. 779).

Vor allem für das **Kundenbindungsmanagement** ist eine Kundendatenbank eine unabdingbare Voraussetzung, denn die bisherigen Interaktionen und die gesammelten Informationen müssen für die Intensivierung der Kundenbindung berücksichtigt werden.

Ziel eines Unternehmens muß es sein, den Kunden nicht als Teil einer anonymen Menge anzusprechen, sondern möglichst viele **Informationen** über ihn beim Einsatz kundenbezogener Aktivitäten zu berücksichtigen. „Database-Marketing bietet somit die Möglichkeit, die Kundenorientierung zu intensivieren und die kundenbezogenen Aktivitäten zu individualisieren" (Holland, 1988, S. 48).

Zur Steuerung der **Kundenbeziehungen** werden dabei insbesondere solche Instrumente genutzt, durch die die Konsumenten ohne störende externe Einflüsse in regelmäßigen Abständen angesprochen werden können (z. B. Telefon, Mailing, Kundenzeitschrift, Außendienst), um so eine dauerhafte Beziehung zum Kunden aufzubauen, zu halten, zu pflegen und systematisch zu intensivieren.

Die **Phasen** bei der Entwicklung und Einführung eines Database-Marketing in einem Unternehmen lassen sich der Abbildung 11 entnehmen.

Abbildung 11: Phasenmodell für die Entwicklung des Database-Marketing

Phase 1:	Aufnahme und Beschreibung der Anforderungen an die Marketing-Database
Phase 2:	Bewertung der Anforderungen unter Kosten-Nutzen-Aspekten
Phase 3:	Entwicklung eines technischen Pflichtenheftes (Vorgabe für den Entwickler)
Phase 4:	Stufenweise Realisierung des Marketing-Database-Systems
Phase 5:	Einführung des Systems
Phase 6:	Permanente Überprüfung der Wirtschaftlichkeit

Quelle: Rensmann, 1993, S. 97

2.6.2 Speicherrelevante Daten

Der Inhalt, den eine Kundendatenbank enthalten sollte, hängt vom **Geschäftsbereich** des jeweiligen Unternehmens ab. Die zu speichernden Informationen sind bei einem Sortimentsversender mit einem sehr breiten Warenangebot natürlich nicht zu vergleichen mit der Kundendatenbank eines Automobilherstellers oder einer Versicherung.

Es lassen sich allgemein die folgenden vier **Datenkategorien** unterscheiden (vgl. Link, Hildebrand, 1995, S. 36):

⇒ Grunddaten

⇒ Aktionsdaten

⇒ Reaktionsdaten

⇒ Potentialdaten

Die **Grunddaten** bestehen aus der Adresse und längerfristig gleichbleibenden Kundendaten, die unabhängig von den Angeboten des Unternehmens sind.

Die **Aktionsdaten** beinhalten die Informationen über die kundenbezogenen Maßnahmen, die bisher von dem Anbieter an die entsprechende Person gerichtet wurden.

Die **Reaktionsdaten** enthalten schließlich die Informationen über die Auswirkungen dieser Maßnahmen.

Potentialdaten liefern Anhaltspunkte für das Nachfrageverhalten in bestimmten Produktgruppen zu bestimmten Zeitpunkten und bieten dem Unternehmen die Grundlage für die Prognose des zukünftigen Kundenwertes (life-time-value).

Die Abbildung 12 zeigt den beispielhaften, branchenübergreifend dargestellten **Aufbau einer Datenbank** mit einer sehr breiten und tiefen Informationsgrundlage. Welche Daten tatsächlich gespeichert werden, sollte anhand von Kosten-Nutzen-Überlegungen entschieden werden. Einige der genannten Kriterien werden sich nur mit großem Aufwand erheben lassen.

Die Datenschutzbestimmungen lassen die **Speicherung** personenbezogener Daten zu, wenn das Unternehmen ein berechtigtes Interesse an diesen Informationen hat und dem keine schutzwürdigen Belange des Betroffenen entgegenstehen.

Abbildung 12: Aufbau einer Kundendatenbank

Grunddaten:

⇒ Adresse:
- Name, Vorname, Titel, akadem. Grade
- Straße, Hausnummer, PLZ, Ort, Etage
- Änderungen bei Name und Adresse
- Telefon, Fax
- ...

⇒ Soziodemographie:
- Geburtsdatum, Geschlecht
- Familienstand, Haushaltsgröße
- Alter der Kinder
- Familienlebenszyklus
- Ausbildung/Beruf/Einkommen
- Erreichbarkeit
- ...

⇒ Psychographie:
- Einstellungen, Lifestyle
- Interessen und Hobbies
- Kaufmotive
- Informationsnutzung
- Wohngebietstyp (Miete,Eigentum,Garten)
- ...

Aktionsdaten:

⇒ Kontaktdaten:
- Quelle der Adresse (Art des 1. Kontaktes)
- Datum des 1. Interesses
- Datum des 1. Kaufs
- zuständiger Verkäufer/Filiale
- ...

⇒ Marketingdaten:
- Kommunikationsgrundlage (Club, Katalogkunde)
- Werbemitteleinsatz
- zuletzt versandte Werbemittel (Mail-History)
- ...

Reaktionsdaten:

⇒ Kaufverhalten (quantitativ):
- Datum der letzten Bestellungen/Käufe (im letzten Jahr)
- Kaufhäufigkeit, Umsatz kumuliert
- (Durchschnitts-) Umsatz/Bestellwert (der letzten Aufträge)
- Retouren
- gekaufte Produktgruppen
- Verbindung zu Daten der Finanzbuchhaltung
- ...

⇒ Kaufverhalten (qualitativ):
- Beschwerden
- Affinitäten zu Produktgruppen
- Änderungen im Kaufverhalten
- ...

⇒ Kundenbewertung:
- Deckungsbeitrag
- Kundenstatus (aktiv,passiv, A/B/C-Kunde)
- Punktwert nach Scoring-Modell (z.B. RFMR)
- Kundenbindung, Beziehungsdauer
- Kundenzufriedenheit
- ...

⇒ Bonitätsdaten:
- Zahlungsverhalten, Kreditlimit, Kontostand des Kundenkontos
- Schufa
- Kreditkarte
- ...

Potentialdaten:

⇒ Bedarf
- Bedarfsmenge, Bedarfszeitpunkte
- Bedarf bestimmter Produktgruppen
- Nutzung von Konkurrenzprodukten
- ...

⇒ Kundenpotential
- Kundenportfolio, Kaufhäufigkeit
- Kundenwert (life-time-value)
- ...

Quelle: vgl. Holland, 1994, S. 17, vgl. Link, Hildebrand, 1995, S. 36

Da das Verbraucherverhalten zunehmend **multidimensional** zu erklären ist, muß auch die Kundendatenbank diese Multidimensionalität widerspiegeln. Es sind immer mehr Variablen als Indikatoren für zukünftige Aktivitäten zu erfassen. Soziodemographische Kriterien allein reichen zur Klassifizierung dieses hybriden Konsumenten nicht mehr aus.

Die Interessenten- und Kundendaten müssen in regelmäßigen Abständen **aktualisiert** und gepflegt werden, sonst kann sich der Informationswert der Marketingdatenbank innerhalb kurzer Zeit aufgrund von Veränderungen der Kundendaten schnell verringern.

2.6.3 Steuerung der Maßnahmen

Die Voraussetzung für Database-Marketing bildet eine **EDV-Konfiguration**, wobei je nach Datenvolumen sowie der Komplexität der Anwendungen bereits ein einfacher PC ausreichen kann. Diese EDV-Konfiguration ist mit **Informationen** anzureichern, die sowohl aus unternehmensinternen (z. B. Buchhaltung, Bestellungen, Außendienst), als auch aus externen Quellen (z. B. Adreßverlage, Listbroker, Datenbanken) gewonnen werden können.

Basierend auf einer Auswertung dieser Informationen sind **Medien** des Direktmarketing (beispielsweise Mailing oder Telefon) einzusetzen, um die Zielpersonen möglichst individuell anzusprechen. Die durch diese Anstöße erzielten Ergebnisse fließen wiederum in die Datenbank ein, so daß ein Informationskreislauf entsteht.

Die **Anwendungsmöglichkeiten** sind äußerst vielfältig und erlauben den Unternehmen einen zielsicheren Einsatz des Marketing-Instrumentariums.

Database-Marketing wird genutzt zur **Segmentierung** von Kunden für bestimmte Marketing-aktivitäten. So lassen sich aus der Kundendatabase aufgrund der gespeicherten Informationen beispielsweise Personen herausfiltern, von denen man ein gesteigertes Interesse für bestimmte Angebote erwarten kann.

3 Die besondere Bedeutung der Kundenbindung im Automobilsektor

3.1 Grundlegende Veränderungen in der Automobilbranche

3.1.1 Wandel vom Verkäufer- zum Käufermarkt

Über viele Jahrzehnte hinweg bestand ein **Verkäufermarkt** für Autos in Europa. Seit 1960 wuchs die Zahl der Autobesitzer schneller als das Pro-Kopf-Einkommen. In den 30 Jahren bis 1990 stieg das Bruttosozialprodukt in Europa pro Kopf um 138 % an, während die Zahl der Automobilbesitzer sich in dieser Zeit fast dreimal so schnell entwickelte (vgl. Ludvigsen, 1995, S. 18 f.).

Die europäischen Automobilhersteller lebten somit lange Zeit in einer für sie sehr angenehmen Situation. Die Illusion, daß sich dieser Verkäufermarkt auch zukünftig fortsetzen würde, wurde spätestens Ende der achtziger Jahre zerstört. Folgende Faktoren waren hauptverantwortlich dafür, daß der von den Herstellern kontrollierte europäische Automobilmarkt sich mittlerweile in einen **Käufermarkt** gewandelt hat, in dem das Angebot die Nachfrage übersteigt, und die Macht vom Nachfragenden, dem Kunden, ausgeht (vgl. Ludvigsen, 1995, S. 21, vgl. Müller, 1990, S. 194).

⇒ **Überkapazität**: Mindestens zehn Jahre lang werden europäische Automobilhersteller eine größere Produktionskapazität haben als der Markt aufnehmen kann (vgl. Abbildung 13).

⇒ **Größere Auswahl**: Dank der Japaner und anderer neuer Anbieter in Europa wird in allen Segmenten eine immer größere Auswahl an Autos angeboten.

⇒ **Kritischere Kunden**: Es entwickelt sich eine klügere, besser informierte und entschlossenere Kundschaft.

⇒ Produkte von besserer **Qualität** zu attraktiven Preisen: Nahezu alle Automobil- hersteller sind mittlerweile in der Lage, qualitativ hochwertige Produkte zu marktgerechten Preisen herzustellen (vgl. Dahlhoff, Dudenhöffer, 1997, S. 70).

Abbildung 13: Kennzahlen der zehn größten europäischen Automobilhersteller für 1996 in tausend Einheiten (PKW und leichte Nutzfahrzeuge)

	Produktion	Kapazität (im 2-Schicht-Betrieb mit 5-Tage-Woche)	Auslastung in Prozent	Absatz (Neuzulassungen in Westeuropa, bei Nissan inklusive Importe)
VW-Konzern	2649	2719	97	2345
PSA	1952	2480	79	1734
GM/Opel	1810	1935	94	1606
Ford	1801	2193	82	1661
Renault	1610	2035	83	1465
Fiat	1509	2134	71	1534
BMW/Rover	1076	1200	90	800
Mercedes	754	812	93	547
Volvo	393	430	91	207
Nissan	232	280	83	378

Quelle: Rother, 1997, S. 50

3.1.2 Vordringen neuer Anbieter

Obwohl die Bevölkerung in Deutschland schon seit langem nicht mehr in dem Maße zunimmt wie früher, und seit Jahren rückläufige Geburtenzahlen zu beobachten sind, wuchs die **Zahl der Autohäuser** kontinuierlich an (vgl. Meinig, 1995, S. 12).

Hinzu kommt, daß immer mehr **Anbieter**, vor allem aus dem asiatischen Raum, in den europäischen und deutschen Automobilmarkt vordringen. Als Toyota Mitte der sechziger Jahre als einem der ersten japanischen Unternehmen der Eintritt in den europäischen Automobilmarkt gelang, ahnte noch niemand, daß dies der Beginn des größten Exporterfolges eines Landes in der Wirtschaftsgeschichte sein würde.

Gerade in den letzten Jahren traten immer wieder neue Hersteller im deutschen Automobilmarkt auf (z. B. die koreanischen Hersteller Daewoo, Hyundai, Kia). Im Jahre 1995 konnten die asiatischen Importeure immerhin einen Anteil von 12,8 % der in Deutschland neu zugelassenen Fahrzeuge auf sich vereinigen (vgl. Abbildung 14).

Abbildung 14: Entwicklung der in Deutschland neu zugelassenen Fahrzeuge in den Jahren 1993-1997, aufgeteilt nach Herstellern

	1993	1994	1995	1996	1. Hj. 1997
	Anzahl Anteil in %	Anzahl Anteil in %	Anzahl Anteil in %	Anzahl Anteil in %	Anzahl Anteil in %
Audi	169.861 5,3	167.068 5,2	205.812 6,2	214.537 6,1	125.640 6,8
BMW	202.646 6,3	214.468 6,7	214.702 6,5	227.321 6,5	120.608 6,5
Chrysler	13.308 0,4	16.109 0,5	18.617 0,6	19.922 0,6	10.244 0,6
Citroen	63.810 2,0	48.715 1,5	47.433 1,4	43.863 1,3	20.754 1,1
Daihatsu	10.841 0,3	7.980 0,3	7.706 0,2	7.620 0,2	5.878 0,3
Fiat	115.952 3,6	118.118 3,7	134.802 4,1	170.624 4,9	83.778 4,5
Ford	301.875 9,5	326.506 9,7	349.863 10,6	348.082 10,0	207.647 11,2
Honda	51.124 1,7	50.044 1,6	52.522 1,6	54.542 1,6	32.000 1,7
Hyundai	33.362 1,0	29.003 0,9	23.704 0,7	31.943 0,9	9.833 0,5
Jaguar	2.020 0,1	1.449 0,0	2.667 0,1	2.521 0,1	1.729 0,1
Kia	1.758 0,1	11.084 0,3	11.412 0,3	13.049 0,4	7.114 0,4
Mazda	78.068 2,5	74.205 2,3	70.738 2,1	66.185 1,8	37.433 2,0
Mercedes	223.696 7,0	261.644 8,1	250.334 7,6	279.825 8,0	144.236 7,8
Mitsubishi	57.160 1,8	50.384 1,6	49.877 1,5	47.021 1,3	24.845 1,3
Nissan	105.512 3,3	91.722 2,9	85.620 2,6	85.441 2,5	47.324 2,5
Opel	510.081 15,9	520.257 16,2	553.188 16,7	557.229 15,9	286.639 15,4
Peugeot	100.140 3,1	94.421 2,9	87.062 2,6	84.481 2,4	42.051 2,3

Porsche	4.708	6.555	5.895	6.111	6.681
	0,2	0,2	0,2	0,2	0,4
Renault	155.551	152.777	162.663	180.890	108.164
	4,9	4,8	4,9	5,2	5,8
Rover	17.148	15.154	12.346	20.751	12.210
	0,5	0,5	0,4	0,7	0,7
Saab	5.037	5.254	4.857	4.818	3.239
	0,2	0,2	0,1	0,1	0,2
Seat	59.436	63.125	60.362	53.214	29.745
	1,9	2,0	1,8	1,5	1,6
Skoda	19.866	17.084	20.595	21.299	12.751
	0,6	0,5	0,6	0,6	0,7
Subaru	13.560	11.664	9.583	8.888	4.949
	0,4	0,4	0,3	0,3	0,3
Suzuki	29.265	18.084	19.058	15.845	7.086
	0,9	0,6	0,6	0,5	0,4
Toyota	87.147	80.259	76.622	71.968	47.178
	2,8	2,5	2,3	2,1	2,5
Volks-wagen	665.496	670.007	643.739	664.376	334.024
	20,8	20,9	19,4	19,0	18,0
Volvo	13.744	16.763	22.504	27.644	18.988
	0,4	0,5	0,7	0,8	1,0

Quelle: Eigene Darstellung, in Anlehnung an: Kraftfahrt-Bundesamt: Statistische Mitteilungen über Zulassungen von fabrikneuen Personenkraftwagen in Deutschland, Flensburg 1994, 1995, 1996, 1997

Die japanischen Importeure waren es auch, die die deutschen Automobilhersteller zu einem **Umdenken in der Marketingorientierung** bewegten. Der enorme Erfolg japanischer Unternehmen auf den Weltmärkten rief Anfang der achtziger Jahre ganze Heerscharen von Analytikern auf den Plan, die die Ursachen dieses **Erfolges** ausloten sollten. Man entdeckte Phänomene wie das kulturbedingte Wir-Gefühl, die hohe Motivation in japanischen Unternehmen, den teilweise recht massiven Einfluß und die Unterstützung durch den Staat, äußerst ausgefeilte Produktionsmethoden mit Systemen wie die Just-in-time-Anlieferung von Vorprodukten in die Fertigung sowie - nicht zuletzt - die enormen Anstrengungen der Japaner in Sachen Qualitätsverbesserung.

Dabei ist für die japanischen Unternehmen die vom Kunden **wahrgenommene Qualität** das Maß aller Dinge und nicht die technische Qualität. Um die Vorstellung der Kunden von Qualität zu verstehen und zu realisieren, mußten sie äußerst kundenorientiert denken und handeln. Als Ergebnis dieser Denkweise offerierten sie den Kunden Automobile, die - im Vergleich zu deutschen Produkten - serienmäßig bereits viele Extras wie Schiebedach, Zentralverriegelung, elektrische Fensterheber, etc. enthielten, und das zu einem deutlich niedrigeren Preis.

Zudem erkannte man bereits sehr frühzeitig die Wichtigkeit einer kontinuierlichen **Kundenbetreuung** im Anschluß an den Fahrzeugverkauf.

Im Zuge dieser Entwicklungen hat sich gezeigt, daß nicht unbedingt das Unternehmen mit der besten Produktionstechnik oder der gesündesten Finanzierung den höchsten Markterfolg hat, sondern das Unternehmen mit der stärksten und genauesten **Kundenorientierung** (vgl. BP Oil Deutschland GmbH, 1994, S. 2f.).

3.2 Aktuelle Situation und Entwicklungstendenzen in der deutschen Automobilbranche

„... in den vergangenen Jahren wurde kontinuierliches Wachstum in der Automobilindustrie als Selbstverständlichkeit angesehen und entsprechend großzügig in Expansionsstrategien investiert. Heute stellen wir fest, daß diese Denkweise keinen Bestand mehr haben kann. Nur die Unternehmen, die kostengünstig Produkte mit überragender Qualität herstellen und den Kunden seinen Wünschen entsprechend zu angemessenen Preisen anbieten, werden erfolgreich durch die gegenwärtige Rezession und Strukturkrise hindurchsteuern sowie künftig wachsen und Gewinne erzielen können." (Piech, 1994, S. 6)

Mit diesem Fazit beschreibt der Vorstandsvorsitzende der Volkswagen AG, Piech, stellvertretend für die Automobilhersteller die ökonomischen Konsequenzen der jüngsten **Rezession**, von der alle Anbieter in der Automobilwirtschaft betroffen wurden.

Abbildung 15 zeigt die Entwicklung der in Deutschland neu zugelassenen Fahrzeuge in den letzten 30 Jahren.

Abbildung 15: Entwicklung der PKW-Zulassungszahlen in der BRD von 1962 bis 1997

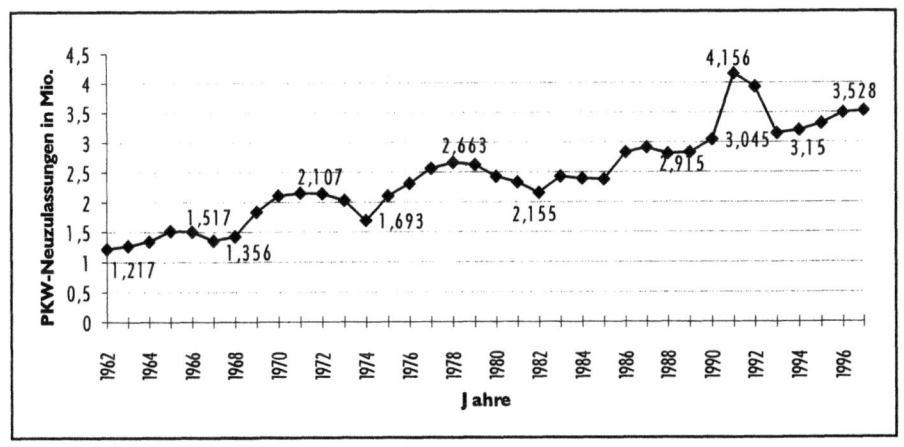

Quelle: eigene Darstellung in Anlehnung an Brachat, 1994, S. 11 f.

Vor allem in den Jahren 1990 und 1991 profitierten die Automobilhersteller und -händler von dem Nachfrageschub aus den fünf neuen Bundesländern. Diese **Sonderkonjunktur** fand jedoch 1993 ihr Ende, wie die Abbildung 15 zeigt. Die Nachfrage nach Neufahrzeugen ging vor allem in den alten Bundesländern stark zurück und unterschritt mit 2,42 Mio. Einheiten deutlich das Niveau der Jahre vor Beginn der Rezession. Für die nächsten Jahre geht man von einer leichten Aufwärtsentwicklung in der Automobilindustrie aus.

Die Gründe für die anstehende **Aufwärtskonjunktur** werden vor allem in den gesamtwirtschaftlichen Rahmenbedingungen gesehen, die sich in einer Inflationsrate von deutlich unter drei Prozent, einem anhaltenden Niedrigzinsniveau sowie einem sich abzeichnenden Wirtschaftswachstum und allmählich wieder steigenden Exportaufträgen äußern (vgl. Brachat, 1994, S. 12).

So rechnen die Vertreter der Automobilindustrie angesichts der mittlerweile erreichten PKW-Dichte für den deutschen Automobilmarkt fortan mit jährlichen **Zuwachsraten** von einem bis zwei Prozent (vgl. Dorsten, Stippel, 1994, S. 15).

Deutschland liegt im internationalen Vergleich der Motorisierungsdichte mit 510 PKW je 1000 Einwohner in West- bzw. 450 PKW je 1000 Einwohner in Ostdeutschland hinter den USA und Frankreich auf Platz drei (vgl. Diez, Meffert, Brachat, 1994, S. 28, 50).

Die Automobilmarken verfügen in Deutschland über einen hohen **Bekanntheitsgrad**, der durch beträchtliche **Werbebudgets** realisiert wird. Die Abbildungen 16 und 17 zeigen den Bekanntheitsgrad bei potentiellen Autokäufern und die Sympathie („sehr sympatisch" und „sympathisch").

In Abbildung 18 sind die Werbeaufwendungen pro verkauftem PKW für ausgewählte Marken aufgeführt. Die Aufteilung dieser Werbeaufwendungen auf die verschiedenen Medien zeigt die Abbildung 19.

Abbildung 16: Bekanntheit und Sympathie von Automarken

	Bekanntheitsgrad in %	Sympathie in %
Alfa Romeo	85	49
Aston Martin	35	16
Audi	97	83
Bentley	50	29
BMW	99	82
Bugatti	50	30
Chrysler	65	25
Citroen	91	42
Daihatsu	65	20
Ferrari	84	57
Fiat	97	48
Ford	98	68

GM Buick	37	14
GM Cadillac	59	27
GM Chevrolet	56	26
GM Oldsmobile	36	15
GM Pontiac	43	19
Honda	89	50
Hyundai	31	7
Isuzu	48	16
Jaguar	85	58
Jeep	75	44
Lada	81	17
Lamborghini	61	39
Lancia	69	35
Land Rover	67	38
Lexus	21	10
Lotus	41	23
Maserati	60	38
Mazda	92	59
Mercedes-Benz	98	81
MG	38	20
Mini Cooper	64	30
Mitsubishi Motors	76	42
Nissan	87	52
Opel	99	82
Peugeot	92	56
Porsche	95	70
Range Rover	65	38
Renault	94	54
Rolls Royce	85	52
Rover	55	27
Saab	75	39
Seat	74	35
Skoda	66	11
Subaru	59	22
Suzuki	74	35
Toyota	92	61
Trabant	86	12
Volkswagen	99	88
Volvo	91	63
Wartburg	81	9
Yugo	37	4

Quelle: Spiegel-Dokumentation, 1993, S. 163 - 167

Abbildung 17: Bekanntheit und Sympathie von Automarken in Prozent sortiert nach dem Bekanntheitsgrad

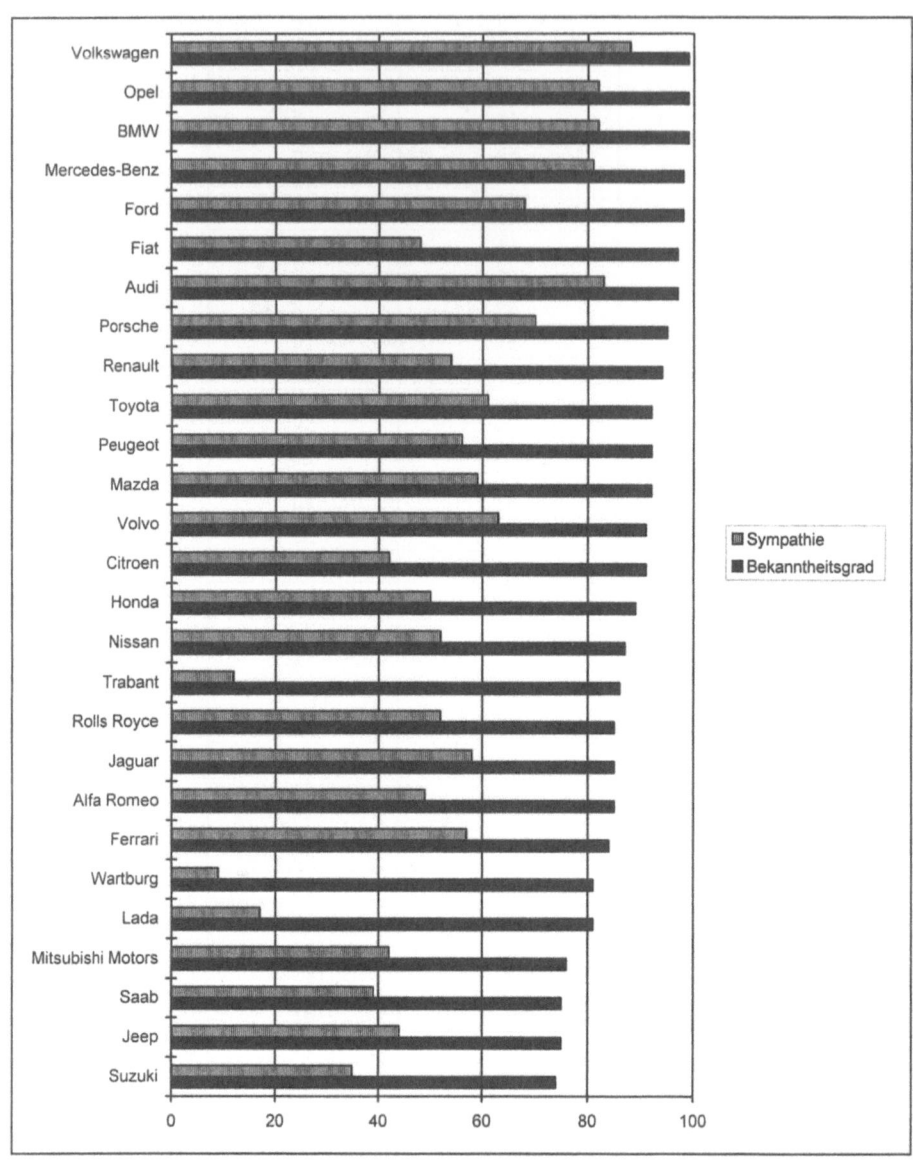

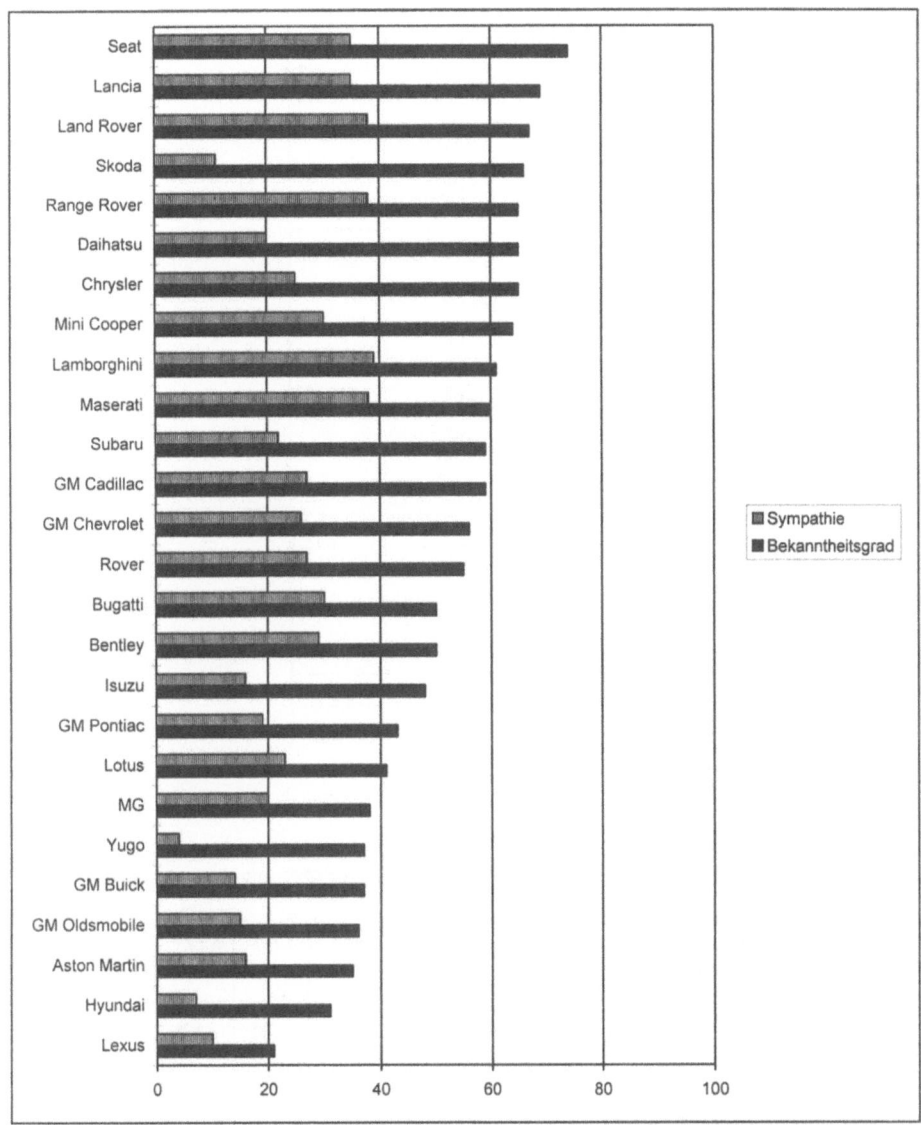

Quelle: Spiegel-Dokumentation, 1993, S. 163 - 167

Abbildung 18: Werbeaufwendungen ausgewählter Automobilhersteller

Marken	Werbeaufwand je verkauftes Fahrzeug in DM
Deutsche Marken	
VW/Audi	403
Opel	396
Ford	532
Mercedes-Benz	504
BMW	408
Porsche	2.869
Europäische Marken	
Renault	734
Peugeot	983
Citroen	1.137
Fiat/Lancia	1.055
Alfa Romeo	2.071
Volvo	2.527
Saab	2.123
Japanische Marken	
Toyota	986
Mazda	919
Nissan	808
Honda	850
Mitsubishi	625
Subaru	1.038
Suzuki	562

Quelle: Autohaus, 1994, zitiert nach: Diez, 1995, S. 251

Abbildung 19: Werbeaufwendungen für PKWs nach Mediengattungen

Anteil der Werbeaufwendungen in den Medien in %	1992	1993	1994	1995	1996	1997
Tageszeitungen	42,2	42,2	40,6	35,8	33,1	31,8
Publikumszeitschriften	31,6	32,7	28,3	27,1	28,7	30,4
Fernsehen	21,8	20,9	25,5	31,6	33,6	29,3
Hörfunk	4,2	4,0	5,5	5,4	4,5	6,5

Quelle: A. C. Nielsen-Werbeforschung

3.3 Kaufentscheidungsprozesse beim Automobilkauf

Die besondere Bedeutung des **Kundenbindungsmanagement** in der Automobilbranche resultiert aus dem wahrgenommenen finanziellen Risiko, das mit dem hochpreisigen Konsumgut Automobil verbunden ist, und aus dessen hohem Prestigewert. Dies führt dazu, daß das Automobil in der Skala der persönlichen Wichtigkeit, also des **Involvements** beim Kauf, im direkten Vergleich mit anderen Produkten eine führende Position einnimmt (vgl. Bleicker, 1983, S. 173 f.).

Es handelt sich bei einem Automobil um ein **langlebiges Gebrauchsgut**, das vergleichsweise selten gekauft wird. Bei jedem geplanten Neukauf findet sich der Konsument vor neue Einkaufsbedingungen in finanzieller und produktspezifischer Sicht gestellt. Das Preisniveau der Automobile ist inzwischen gestiegen, und neue Modelle, Motoren, Sondermodelle und Ausstattungsvarianten erschweren die Alternativenbewertung und -auswahl. Entsprechend sieht sich der potentielle Käufer gezwungen, eine aufwendige **Informationssuche** durchzuführen, um sich einen Überblick über das veränderte Angebot auf dem Automobilmarkt zu verschaffen.

Das Kaufentscheidungsverhalten beim Automobilkauf entspricht somit in vielen Fällen einer **extensiven Kaufentscheidung**, bei der eine vollständige Kette des Entschlußprozesses durchlaufen wird. Der Konsument ist darauf angewiesen, umfangreiche Informationen über Alternativen einzuholen und diese hinsichtlich ihrer Konsequenzen gründlich zu bewerten.

Kognitive Prozesse der Informationsaufnahme und -verarbeitung stehen im Vordergrund, der Konsument benötigt für die Verarbeitung der Informationen eine entsprechend **längere Verarbeitungszeit** als bei vereinfachten, habitualisierten und impulsiven Kaufentscheidungen. Der potentielle Käufer verfügt über wenige oder gar keine bewährten Entscheidungsmuster und zeichnet sich durch ein kognitiv stärker kontrolliertes Verhalten aus als andere Käufer.

Die wichtigsten genutzten **Informationsquellen** zum Autokauf und die Bewertung des Informationsgehaltes sind in der Abbildung 20 zusammengestellt.

Das **Informationsinteresse** steigt, wenn die Kaufpläne konkreter werden, und ist wegen der kognitiven Dissonanzen (vgl. Kapitel 2.4.2) nach der Bestellung des Autos am größten, wie die Abbildung 21 zeigt.

Abbildung 20: Informationsverhalten beim Autokauf

	Informationen zum Autokauf erhält man ... (in %)	Sehr informativ sind die Informationen ... (in %)
Privates Umfeld	79	32
- Gespräche mit dem Partner/ innerhalb der Familie	65	25
- Gespräche mit Freunden, Kollegen, Bekannten	50	13
Anbieter	78	47
- Gespräche mit Autohändlern	67	39
- Prospekte des Herstellers, des Handels	54	26
Redaktionelle Beiträge in den Medien	60	42
- Berichte und Tests in Autozeitschriften	51	39
- Fernsehberichte	24	11
- Berichte in allgemeinen Zeitschriften/Zeitungen	21	9
Testinstitute	42	38
- Informationen des ADAC/ anderen Automobil-Clubs	40	33
- Informationen des TÜV	18	21
Werbung in den Medien	33	8
- Autoanzeigen in Zeitungen, Zeitschriften	30	7
- Autowerbung im Fernsehen	12	2

Quelle: Bild, Bild am Sonntag, 1996, S. 82 - 86

Abbildung 21: Interesse an Informationen über Autos gemessen als Index

Autokauf innerhalb der nächsten 1 - 2 Jahre geplant	Indexausprägung
Nein	81
Ja, in 7 - 24 Monaten	171
Ja, in 1 - 6 Monaten	205
Schon bestellt	207

Quelle: Motor Presse Stuttgart, o.J., o.S.

Eine Analyse der Phasen, in die sich der **Kaufentscheidungsprozess** zerlegen läßt, zeigt die Bedeutung der Nachkaufphase (vgl. Abbildung 22).

Abbildung 22: Phasen des Kaufentscheidungsprozesses

Phase	**Charakterisierung**
Anregung	Allgemeiner Kaufwunsch kam auf
Legitimation	Endgültiger Entschluß überhaupt zu kaufen
Suche	Informationssammlung: Was gibt es alles auf diesem Gebiet?
Auswahl/Bewertung	Prüfung und Vergleich der verschiedenen Angebote
Konzentration	Einengung der Überlegungen auf eine oder ganz wenige Möglichkeiten
Kauf/Bestellung	Kauf bzw. Bestellung
Nachkauf	Zufriedenheit, Prozessbewertung

Quelle: Dahlhoff, 1980, S. 28

Ein alternatives **Entscheidungsmodell** speziell für den Automobilkauf schlägt der Verlag Motor-Presse Stuttgart vor (vgl. Abbildung 23). Es unterscheidet sich von anderen Ansätzen dadurch, daß es nicht auf wissenschaftlichen Theorien von Kaufentscheidungsprozessen aufbaut, sondern aufgrund von Ergebnissen empirischer Untersuchungen des Instituts für Demoskopie in Allensbach entwickelt wurde (vgl. o.V., 1990c).

Dieses Modell zeigt die besondere Bedeutung der Zeit nach dem Kaufabschluß, die hier in drei Einzelphasen unterteilt wird. Nach dem Kauf des Automobils verspürt der Käufer als Resultat aus der Bewertung der an das Produkt gestellten Erwartungen und der wahrgenommenen Leistungen eine Zufriedenheit bzw. Unzufriedenheit (kognitive Dissonanz) mit seiner Wahl.

Abbildung 23: Kaufentscheidungsprozeß beim Automobilkauf

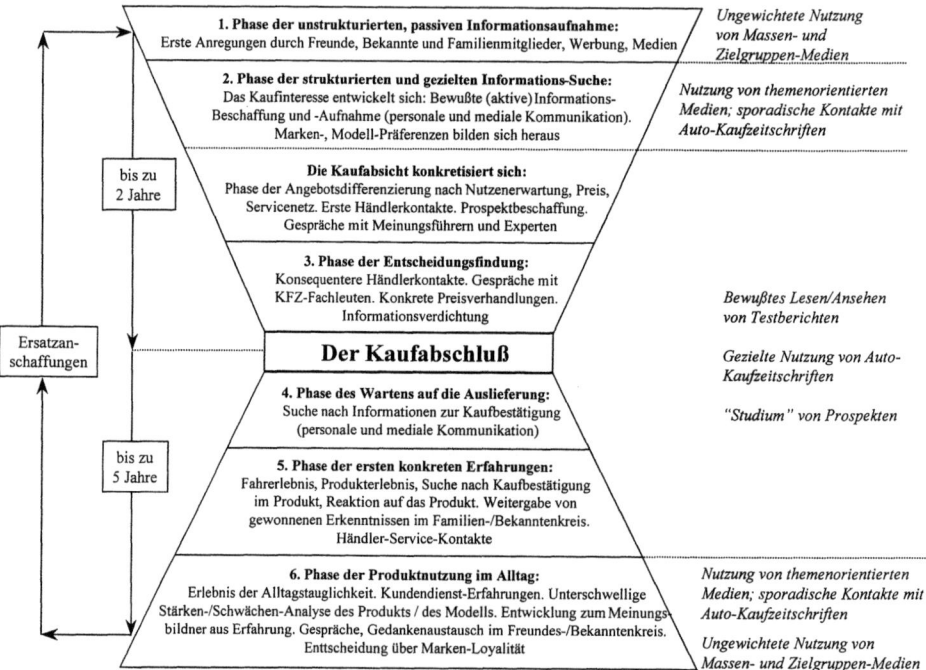

Quelle: o.V., 1990c, S. 15, Motor Presse Stuttgart, o.J., o.S.

Nach dem in Abbildung 23 dargestellten Modell sucht der Käufer schon während der **Wartezeit** auf die Auslieferung des Autos, seine Entscheidung zu bestätigen, indem er weitere Informationen über das erworbene Fahrzeug und über den Hersteller sammelt, um somit die Kaufentscheidung vor sich und seinem sozialen Umfeld absichern zu können (o.V., 1990c, S. 96-99). Wegen der sozialen Auffälligkeit des Autos und mangels einer Rückgabemöglichkeit des Produktes ist hier die kognitive Dissonanz besonders stark.

Auch nach der **Fahrzeugübernahme** ist der Autofahrer bestrebt, etwaige Unsicherheiten und Zweifel an der Richtigkeit seiner Entscheidung auszuräumen, indem er seine nun mit dem Auto gemachten Erfahrungen mit Familie, Freunden, Kollegen und ihm nahestehenden Meinungsbildnern austauscht. Zur Reduktion der Dissonanz sucht der Käufer nach bestätigenden Informationen, um seine eigene Entscheidung zu rechtfertigen.

Die Phase der Nachkaufbewertung ist in ihrer Bedeutung für einen eventuellen **Wiederkauf** der Marke und damit den Beginn einer Markenbindung nicht zu unterschätzen. Hier wird durch die Maßnahmen des **Kundenbindungsmanagements** die Basis für die nächste Kaufentscheidung gelegt.

In einigen Studien werden die Automobilkäufer mit Hilfe von **Typologien** differenziert. Die Abbildung 24 zeigt die sechs verschiedenen Autokäufer-Segmente des Spiegel-Verlags.

Die Käufer in den verschiedenen Segmenten unterscheiden sich beispielsweise in ihren Einstellungen zum Autokauf und weisen verschiedene Präferenzen auf.

Abbildung 24: Autokäufer-Segmente

Westdeutschland	Anteil in %
Gebrauchswert- und Sicherheits-Orientierte	37
Prestige- und Qualitäts-Orientierte	19
Fun-Orientierte	19
Desinteressierte	15
Service- und Händler-Orientierte	5
Kritisch-Distanzierte	5
Ostdeutschland	
Gebrauchswert- und Sicherheits-Orientierte	23
Service- und Händler-Orientierte	22
Prestige-Orientierte	17
Souverän-Distanzierte	16
Preis- und Fun-Orientierte	12
Desinteressierte	10

Quelle: vgl. Spiegel-Verlag, 1993, S. 47

So hat der **prestige- und qualitätsorientierte** Autokäufer eine starke Markenbindung und höchste Qualitätsansprüche an Komfort und Leistung, da das Auto für ihn ein Statussymbol darstellt, während der **Desinteressierte** wenig Geld ausgeben möchte und sich somit vorrangig am Preis orientiert.

Der **Fun-Orientierte** bewegt sich dagegen in der höheren Preisklasse. Auch er sieht Marke und Qualität als Statusmerkmale. Für die **service- und händlerorientierten** Käufer spielen die Kompetenz der Händler und die Qualität der Werkstatt eine maßgebliche Rolle bei ihrer Kaufentscheidung.

Die **Gebrauchswert- und Sicherheits-Orientierten** und auch die **Kritisch-Distanzierten** fällen ihre Entscheidung nach praktischen Gesichtspunkten. Während jedoch bei der ersten dieser beiden Typen eine ausgeprägte Markentreue festzustellen ist, fehlt diese bei der anderen Gruppe. Für die kritisch-distanzierten Käufer zählen lediglich praktische Gesichtspunkte, da der Autokauf als notwendiges Übel angesehen wird (vgl. Abbildung 24, vgl. Spiegel-Verlag, 1993, S. 50).

Neuere Ansätze verbinden die **Life-Style-Forschung** mit dem Automobilkauf. Die Abbildung 25 zeigt eine Life-Style-Typologie nach den Kriterien „Sozialer Status" und „Werteorientierung", in die die typischen Automobilmarken der Zielgruppen eingetragen wurden.

Abbildung 25: Zielgruppen der Automobilhersteller

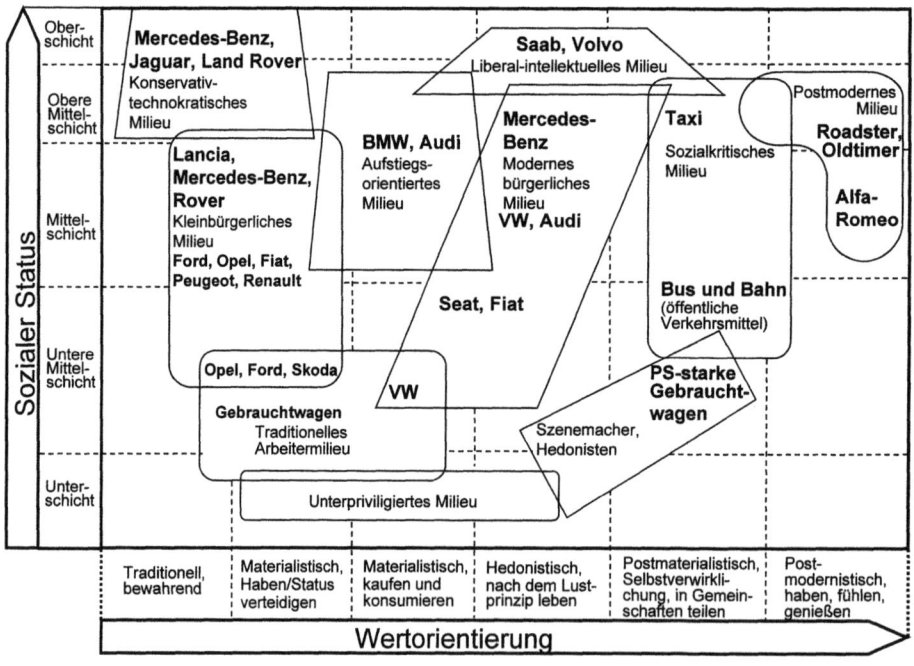

Quelle: o. V., 1997a, S. 140

3.4 Forderung nach langfristiger Kundenbindung

An der finanziellen Belastung gemessen rangiert der **Autokauf** heute nach dem Kauf eines Hauses oder einer Eigentumswohnung an zweiter Stelle der Kaufentscheidungen im Leben eines Durchschnittsmenschen.

Bedingt durch die große Auswahl trifft der Neuwagenkunde in vielen Fällen beim Automobilkauf eine **Kompromißentscheidung**. Aus der Fülle der Angebote sucht er jenes Fahrzeug, das seinen Vorstellungen am nächsten kommt. Selten wird der Neuwagen all die gewünschten Eigenschaften in sich vereinigen und noch seltener wird es kein ähnliches Angebot auf dem Markt geben, das als Alternative in Frage käme.

Aufgrund dieser Kompromißentscheidung und der Bedeutung des Automobilkaufes entstehen beim Kunden beinahe zwangsläufig **Dissonanzen**. An dem Autofahrer nagen heimliche Zweifel, ob er tatsächlich die richtige Wahl getroffen hat. Die Entscheidung muß somit unmittelbar nach dem Kauf vom Verkäufer bzw. - durch entsprechende Maßnahmen des After-Sales-Marketing - vom Hersteller abgesichert werden.

Doch nicht nur in der unmittelbaren Nachkaufphase gilt es, den Kunden zufriedenzustellen. **Kundenbindung** ist das Ergebnis einer Kette von langjährigen Erfahrungen, die der Kunde mit dem Fahrzeug und dem Autohaus macht. Abbildung 26 zeigt die Service-Loyalität im Markenhandel.

Abbildung 26: Kundenservice-Loyalität im Markenhandel

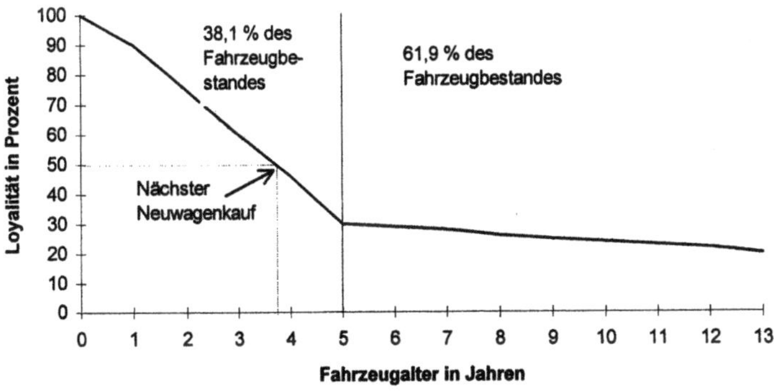

Quelle: eigene Darstellung in Anlehnung an Brachat, 1994, S. 50

In den ersten fünf Jahren des Autolebens reduziert sich die **Loyalität** das Käufers zum Autohaus von 100 % auf 30 %. Zum Zeitpunkt des erneuten Neuwagenkaufs liegt die Loyalitätsrate dann bei rund 48 %; nur jeder zweite Kunde ist zum Zeitpunkt des neuerlichen Fahrzeugerwerbes noch treuer Autohaus-Kunde. Desweiteren zeigt sich, daß nur ca. 15 Mio.

Autos des gesamten Fahrzeugbestandes bis zu fünf Jahre alt sind. Auf der anderen Seite heißt dies, daß 61,9 % des Fahrzeugbestandes ihre Heimat praktisch außerhalb des Autohauses haben (vgl. Brachat, 1994, S. 50).

Daß die Bereitschaft zu einem Markenwechsel (**Markenilloyalität**) bei den Automobilkunden in Deutschland in Abhängigkeit von der jeweiligen Automobilmarke zum Teil sehr hoch ausgeprägt ist, zeigen in diesem Zusammenhang die Ergebnisse einer Neuwagenkäufer-Studie (vgl. Abbildung 27).

Abbildung 27: Kundenloyalität zu ausgewählten Automobilmarken in der BRD

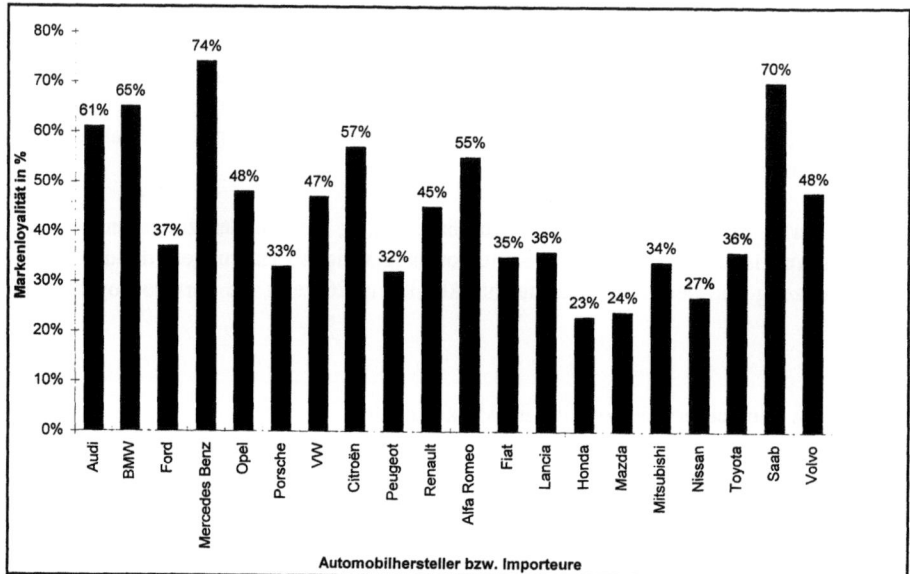

Quelle: eigene Darstellung in Anlehnung an Korte, 1995, S. 11

Demnach verfügt Mercedes-Benz mit 74 % derzeit über das loyalste Kundenpotential. Für die Automobilmarken Audi, BMW und Saab läßt sich immerhin eine **Markenloyalitätsrate** von über 60 % feststellen.

Für einen Großteil der 20 genannten Automobilmarken zeichnet sich jedoch eine Markenloyalität von weniger als 50 % ab. Besonders dramatisch stellt sich die Situation für die Marken Peugeot, Honda, Mazda und Nissan dar. Weniger als zwei von drei befragten Neuwagenkunden hatten zum Zeitpunkt der Befragung die Absicht, sich markenloyal zu verhalten (vgl. Korte, 1995, S. 11).

Ergänzend hierzu geben die Ergebnisse einer Erfolgsfaktoren-Studie im Automobilhandel Aufschlüsse über das **Händlerwechselverhalten** der Automobilkunden in Deutschland (vgl. Abbildung 28).

Abbildung 28: Händlerwechselverhalten der Automobilkunden in der BRD

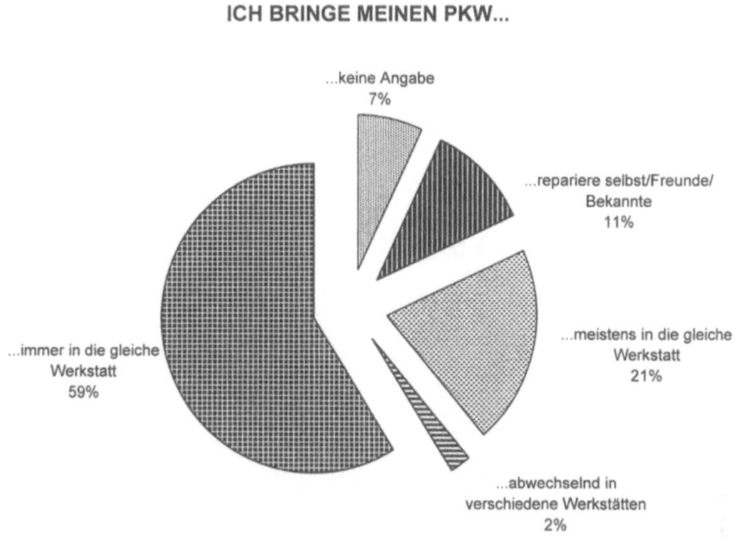

ICH BRINGE MEINEN PKW...

...keine Angabe
7%

...repariere selbst/Freunde/
Bekannte
11%

...immer in die gleiche
Werkstatt
59%

...meistens in die gleiche
Werkstatt
21%

...abwechselnd in
verschiedene Werkstätten
2%

Quelle: BP Oil Deutschland GmbH, 1994, S. 11

Von den insgesamt befragten 1.818 PKW-Fahrern gaben immerhin 80 % an, ihr Auto für Reparaturen sowie für Inspektions- und Wartungsarbeiten entweder immer (59 %) oder meistens (21 %) in die gleiche Werkstatt zu bringen. Der Markt für **Werkstattleistungen** ist also relativ fest fixiert. Dieses für die Händler erfreuliche Ergebnis, das seine Ursachen weitestgehend in den speziellen Konsumgewohnheiten der Reparatur- und Wartungskunden rund um das sensible Produkt Automobil hat, bedeutet jedoch zugleich, daß in einem Markt mit starker Kundenbindung ein einmal verlorener Kunde kaum zurückzugewinnen ist (vgl. BP Oil Deutschland GmbH, 1994, S. 10).

Vergleicht man die Ergebnisse der beiden Marktstudien, so läßt sich für die Automobil-kunden in Deutschland zumindest in der Tendenz eine höhere **Markenwechselbereitschaft** im Vergleich zur **Händlerwechselbereitschaft** feststellen. Das illoyale Kundenpotential bewegt sich je nach Marke zwischen 26 % und 77 %, während das händlerbezogene illoyale Kundenpotential deutlich niedriger liegt.

Die **Kundenfrequenz** in Autohäusern ist vergleichsweise gering, da die Beschaffungs-intervalle lang sind und die Servicekontakte aufgrund verlängerter Wartungsintervalle und sinkender Reparaturhäufigkeit abnehmen.

Der **Automobilvertrieb** in Deutschland ist überwiegend selektiv und markenexklusiv. Von den ca. 25.000 vertraglich gebundenen Automobilhändlern waren 1992 87 % marken-exklusive Automobilhändler (vgl. Finsterwalder-Reinecke, 1993, S. 53 ff.). Dies bedingt, daß ein Markenwechsel eines markenilloyalen Neuwagenkäufers quasi zwangsläufig mit einem Händlerwechsel einhergeht.

Die Abbildung 29 gibt eine Übersicht über die Anzahl der Händler in Deutschland.

Abbildung 29: Ausgewählte Händlerstützpunkte in Deutschland

	Stützpunkte 31.12.1995	Zulassungen 1995	Durchschnittsverkauf pro Stützpunkt
VW - Audi	3.543	850.116	240
Opel	2.517	561.970	223
Ford	2.548	367.229	144
Mercedes	1.277	250.334	196
BMW	911	214.907	236
Porsche	84	5.895	70
Deutsche Total	**10.880**	**2.250.451**	**207**
Renault	1.634	170.907	104
Fiat	1.208	134.802	112
Peugeot	1.104	87.062	79
Mitsubishi	879	54.516	62
Suzuki	572	31.380	55
Subaru	433	10.416	24
Daihatsu	382	7.706	20
Andere	8.572	566.821	66
Importeure Total	**14.784**	**1.063.610**	**72**
Total	**25.664**	**3.314.061**	**129**

Quelle: Dudenhöffer, 1996, S. 128

Die für die Mehrzahl der angesprochenen Automobilmarken zu verzeichnende relativ geringe Markentreue einerseits und die vorherrschende Stagnation der Automobilnachfrage auf einem hohen Niveau andererseits stellen die Automobilhersteller und -händler somit gemeinsam vor die Herausforderung, ihre **Kundenbindungsmaßnahmen** zu intensivieren.

Als Vorstufe für eine Kundenbindung lassen sich bei einigen Automobilherstellern **Trading-Down Aktivitäten** beobachten. Neue Kundenpotentiale werden über Angebote erschlossen, die unterhalb der üblichen Modellpalette liegen, mit dem Ziel, diese Käufer später in das höherklassige Sortiment zu führen.

So hat **Mercedes** mit der Modellreihe W 201 (190 er, später C-Klasse) eine Verjüngung der Zielgruppe erreicht und damit einen Kundenstamm gewonnen, der länger der Marke treu bleiben soll (vgl. Bode, 1993, S. 20 ff.). Ähnliche Ziele strebte **BMW** mit der Einführung der 3-er Compact Baureihe an.

3.5 Emotionale und faktische Bindungswirkung

Strategien und Maßnahmen zur Kundenbindung können sich grundsätzlich auf faktische und auf emotionale Bindungswirkungen beziehen (vgl. Abbildung 30).

Abbildung 30: Ansatzpunkte, Bindungswirkung und Erfolgsdimensionen des Kundenbindungsmanagements

	Aufbau und Erhaltung loyaler Kundenpotentiale durch:	
Ansatzpunkte zur Kundenbindung:	**faktische Bindung** • vertragliche Bindung • technisch-funktionale Bindung • ökonomische Bindung	**emotionale Bindung** • **Aufbau und Erhaltung einer hohen Kundenzufriedenheit**
Bindungs-wirkung:	Hersteller-, Marken- oder Einkaufsstättenwechsel ist (zumindest temporär) • vertraglich unzulässig • technisch oder funktional ausgeschlossen • ökonomisch unvorteilhaft	Hersteller-, Marken- oder Einkaufsstättenwechsel ist jederzeit möglich Kundenzufriedenheit führt zu • **Herstellerpräferenz** • **Markenpräferenz** • **Einkaufsstättenpräferenz**
Ergebnis der Kundenbindung:	**verringerte Bereitschaft zum** • **Herstellerwechsel** • **Markenwechsel** • **Einkaufsstättenwechsel** ➡ **höhere Kundenloyalität (Wiederkaufabsicht)**	

Quelle: Korte, 1995, S. 10

Für die Anbieter in der Automobilwirtschaft ist dabei zu konstatieren, daß den Herstellern bzw. Importeuren zur Bindung ihrer Kunden lediglich der Ansatzpunkt einer **emotionalen Bindung** offensteht, da ein Wechsel nach dem erstmaligen Kauf eines Fahrzeuges zu einer anderen Automobilmarke im Rahmen eines Folgekaufes jederzeit möglich ist.

Für den Automobilhandel schränken aus der Sicht des Kunden lediglich die Garantie-bedingungen der Hersteller sowie unter Umständen Werkstattdiagnose- und Reparatur-systeme die Möglichkeiten zu einem Händlerwechsel ein.

Aus diesen Gründen beziehen sich **Kundenbindungsstrategien** in der Automobilwirtschaft bislang nicht auf faktische - also vertragliche, technische oder ökonomische - Bindungs-wirkungen. Lediglich mit der Einführung der VW/Audi-Card wird ein erster Versuch in diese Richtung unternommen (vgl. Kapitel 4.7).

Insofern bleibt für die überwiegende Mehrzahl der Kundenbeziehungen nur der Weg einer **emotionalen Bindung** der Kunden als Stoßrichtung für effektive Kundenbindungsstrategien (vgl. Korte, 1995b, S. 71).

4 Ansatzpunkte von Kundenbindungsmaßnahmen im Marketing von Automobilherstellern und -importeuren

4.1 Kundenbindung als sinnvolle Händlerunterstützung

Das **Image** einer Automobilmarke wird bei einem privaten Konsumenten im wesentlichen von folgenden Faktoren geprägt:

⇒ durch die **Produkte**, die täglich auf den Straßen zu sehenden Automobile,

⇒ durch die **Kommunikation** des Anbieters, beispielsweise Werbung, Verkaufsförderung, Sponsoring und Event-Marketing,

⇒ durch den Einfluß des privaten **Umfeldes**,

⇒ durch den **Händler** und dessen Auftreten vor Ort.

Diese Faktoren werden im Idealfall im Sinne eines eindeutigen und positiven Markenbildes direkt vom Hersteller beeinflußt.

Der einzelne Händler vor Ort hat dagegen nur bedingt Möglichkeiten, auf die genannten Faktoren Einfluß zu nehmen. Aus diesem Grund müssen **zentral** geplante und dem Handel zur Verfügung gestellte Direktmarketing-Maßnahmen den Automobilhändlern die Chance eröffnen, ihren individuellen Charakter in die Ansprache mit einzubringen.

Die von den Herstellern entwickelten **Kundenbindungsprogramme** dienen im Bereich der Automobilindustrie daher in erster Linie der Unterstützung der Vertragshändler. Der Hersteller konzipiert und produziert die Werbemittel, sendet sie im eigenen Namen oder im Namen des Händlers an die Kunden bzw. überläßt sie dem Händler für eine derartige Ansprache.

Die Form und das Ausmaß dieser Kooperation hängen vor allem vom Grad der vertraglichen Bindung des Händlers ab. Führt dieser auch Fremd- oder Konkurrenzartikel, wird sich die Zusammenarbeit weniger intensiv gestalten.

Ein wesentliches Merkmal der Wettbewerbssituation in der deutschen Automobilindustrie ist jedoch die Existenz von **Kooperationsverträgen** zwischen einem Hersteller bzw. Importeur und seinen Vertriebspartnern, somit die Beschränkung des Absatz- und Beschaffungs-programmes des Automobilhändlers gegenüber einem Hersteller/Importeur aufgrund von Ausschließlichkeitsvereinbarungen, insbesondere im Bereich des Verkaufs von Neufahr-zeugen (vgl. Tietz, 1983, S. 235 ff.).

Die **Kooperation** zwischen Hersteller und Händler ist daher in der Automobilindustrie im allgemeinen sehr intensiv ausgeprägt und reicht im Extremfall von der Interessenten-gewinnung über die Umwandlung der Interessenten in Kunden und die Betreuung dieser Kunden bis zum Wiederholungs- bzw. Folgekauf.

Im überwiegenden Teil der Fälle werden die einzelnen Aktionen - z. B. im Rahmen eines Kundenkontaktprogrammes - im Namen des **Händlers** durchgeführt, da auf diese Weise eine individuelle Kundenansprache unter Bezugnahme auf bestehende Kontakte ermöglicht wird. Die hierzu erforderliche **Kundendatei** wird hingegen meist vom Hersteller bzw. einem von ihm beauftragten Dienstleistungsunternehmen geführt.

Die **Aufgabe des Händlers** besteht im wesentlichen darin, die Daten eines Neukunden mit den dazugehörigen Fahrzeugdaten einmalig dem Hersteller zur Verfügung zu stellen sowie Veränderungen und Zusatzinformationen, die sich im Laufe der Geschäftsbeziehung ergeben bzw. die Datenbank anreichern können, zu melden.

Bei allen Maßnahmen, die zentral entwickelt werden, ist die rechtzeitige **Information des Händlers** ein mitentscheidender Faktor für deren Gesamterfolg. Der Händler und seine Verkäufer vor Ort sollten wissen, welche der Kunden gerade zu welchem Zweck angeschrieben wurden. Dies ermöglicht dem Händler, seine Aktivitäten optimal mit den Zielsetzungen des jeweiligen Herstellers abzustimmen (vgl. Zach, 1997, S. 199 ff.).

Die Ausführungen in den folgenden Kapiteln geben einen Überblick über den konkreten, praktischen Einsatz von **Kundenbindungssystemen** in der Automobilwirtschaft.

Basierend auf persönlichen Gesprächen mit Vertretern der einzelnen Hersteller und Importeure oder aber mit Repräsentanten von Marketing-Agenturen, die mit der Erstellung und Abwicklung der Programme beauftragt wurden, werden die jeweiligen Kundenbindungsprogramme unterschiedlicher Automobilhersteller bzw. -importeure dargestellt und bewertet.

4.2 Die Einführung eines Kundenbindungsprogrammes bei Saab Deutschland

4.2.1 Das Unternehmen Saab Deutschland

Das schwedische Unternehmen Saab hat seinen Ursprung in der **Flugzeugherstellung**. Im Jahre 1947 begann die Svenska Aeroplane Aktiebolaget mit der Produktion von Automobilen. Mittlerweile wurde aus dem Automobilbereich des Flugzeugherstellers ein eigenständiges Unternehmen: die Saab Automobile AB, seit 1990 ein **Joint-Venture** zwischen General Motors und der Scania AB.

Das Unternehmen hat es sich zur Aufgabe gemacht, im GM-Konzern als die exponierte europäische Automobilmarke im gehobenen Fahrzeugsegment zu fungieren. Saab möchte dabei ganz speziell eine selbstbewußte, unabhängige und anspruchsvolle Kundengruppe ansprechen.

Über 80 % der Saab Automobile werden **exportiert**. Die USA sind für das Unternehmen der größte Markt, gefolgt von Schweden, Großbritannien und Deutschland. 1994 verkaufte Saab in über 45 Ländern 88.700 Fahrzeuge und erzielte dabei einen Umsatz von 4,25 Mrd. DM.

Die **Saab Deutschland** GmbH wurde 1968 als hundertprozentige Tochtergesellschaft von Saab Automobile AB gegründet. Ihr Umsatz stieg von 5,9 Mio. DM (1970) über 43,2 Mio. DM (1978) auf mittlerweile knapp 300 Mio. DM.

Die insgesamt 107 Saab-Vertragshändler in Deutschland verkauften 1996 4.818 Automobile. Saab erreichte damit einen Marktanteil von 0,1 % (vgl. Saab Deutschland, 1996, S. 8 ff.).

4.2.2 Gründe für das Scheitern des ursprünglichen Saab-Kundenkontaktprogrammes

Das ursprüngliche Kundenkontaktprogramm (KKP) von Saab Deutschland lief über einen Zeitraum von **drei Jahren** und bestand im wesentlichen aus **Direct-Mailing**-Maßnahmen.

Der Kunde erhielt eine Glückwunschkarte zu seinem Geburtstag bzw. zu saisonalen Ereignissen. Darüber hinaus wurde er regelmäßig zum Sommer/Winter-Check in sein Saab-Zentrum eingeladen. Das Programm endete mit dem Versand eines Wertschätzschecks, mit dem der Kunde sein gebrauchtes Fahrzeug im Saab-Autohaus schätzen lassen konnte. Ziel dieser Maßnahme war es, dem Kunden das Angebot eines Neuwagens zu offerieren.

Es zeigte sich jedoch sehr bald, daß das KKP in der Praxis mit zahlreichen Schwierigkeiten zu kämpfen hatte. Das Programm wurde von der Zentrale **ohne Rückkopplung** mit dem Händler bzw. Rückmeldung an den Händler gesteuert. So war es möglich, daß ein Kunde, der gerade mit seinem Wagen in der Saab-Werkstatt war, wenige Tage später im Rahmen einer standardmäßig ablaufenden Sendung einen Brief mit der Einladung zum Kfz-Check beim Händler bekam.

Das Unternehmen kam zur Einsicht, daß es zu wenig über seine Kunden wußte und vor allen Dingen die Kooperation mit den Händlern verbessern mußte. Man entschloß sich daraufhin, das KKP vorerst zu stoppen.

4.2.3 Die Einführung des neuen Saab-Kundenkontaktprogrammes

Im Zuge des Aufbaus und der Neugestaltung einer **zentralen Kundendatenbank** wurde von Saab Deutschland Anfang der 90er Jahre ein KKP entwickelt, das den Kunden Schritt für Schritt mit individuellen Offerten in eine ganz spezielle „Saab-Welt" führen soll. Mit diesem Programm möchte das Unternehmen einerseits seine Vertragshändler unterstützen und zum anderen ein hohes Niveau an Kundenzufriedenheit halten bzw. wieder erreichen.

Das Saab-KKP setzt sich aus folgenden **Bausteinen** zusammen:

⇒ **Das Saab-Magazin**

Basis des neuen KKPs ist die **Kundenzeitschrift** „Das Saab-Magazin". Dieses, von Saab Schweden herausgegebene und im Prinzip für alle Märkte gleich aussehende, Magazin informiert die Kunden über Aktivitäten und Zukunftsabsichten des Unternehmens. Darüber hinaus enthält es allgemeine Beiträge aus den Bereichen Literatur, Politik, Kunst und Sport. Das Saab-Magazin erscheint zweimal jährlich und wird direkt von Saab Deutschland an alle Kunden versandt.

⇒ **Die Aktion „Kunden werben Kunden"**

Dieser Baustein des KKPs dient zum einen der Kundenbindung, zum anderen aber insbesondere der Neukundengewinnung.

Aus der Erkenntnis, daß die beste **Empfehlung** für ein Saab-Fahrzeug der Kunde selbst ist, der aus seiner Erfahrung heraus die Vorzüge und Werte seines Autos kommuniziert, hat Saab Deutschland dieses Instrument entwickelt. Dem Kunden wird ein Benefit gegeben, um ihn dazu zu bewegen, in seinem Bekanntenkreis, bei seinen Arbeitskollegen, etc. potentielle Interessenten für den Kauf eines Saab zu gewinnen. Er hat dazu die Möglichkeit, auf einem eigens für ihn eingerichteten Konto Punkte zu sammeln. Für eine erfolgreiche Neuwagenvermittlung bekommt er dann 2.000 Punkte gutgeschrieben, die er entweder direkt in eine Prämie umwandeln kann (z. B. Wochenendurlaub) oder aber zu höheren Prämien ansammeln kann, die vom Niveau und Anspruch her der Klientel von Saab entsprechen.

Das Programm, das der Händler vor Ort seinen Kunden anbietet, wurde im Juli 1996 gestartet und umfaßte zunächst einen Zeitraum von einem Jahr.

⇒ **Incentive-Angebote**

Dieser Baustein im Rahmen des KKPs versucht, an das Bedürfnis der Kunden nach **Erlebniswerten** zu appellieren. Er beinhaltet beispielsweise die Organisation von Reisen, die mit kulturellen Höhepunkten verbunden sind, z. B. Opern- bzw. Musicalbesuche.

Großen Anklang finden auch immer wieder spezielle Sicherheitstrainings, die Saab, ganz auf seine schwedische Herkunft bezogen, in regelmäßigen Abständen, in Kooperation mit seinen Konstrukteuren und Instrukteuren, z. B. auf zugefrorenen Seen organisiert.

⇒ **Die Saab-Kollektion und das 24-Stunden-Call-Center**

Die Saab-Kollektion bietet den Kunden die Möglichkeit, nützliche Dinge aus dem Bereich der **Mode** und der **Accessoires** über Direktversand zu erwerben. In der Kundenzeitschrift und in speziellen Mailings wird auf diesen Baustein des KKPs hingewiesen.

Für Bestellungen und Informationen steht eine 24-Stunden-Infoline zur Verfügung. Diese 0130-Nummer war ursprünglich als eine Dialogmöglichkeit für Interessenten gedacht und wurde auch dahingehend werblich kommuniziert. In immer stärkerem Maße wird dieses Call-Center jedoch auch von bestehenden Kunden genutzt. Anfragen, die aus dem üblichen Rahmen fallen, gehen an die Zentrale weiter, die diese dann in Kooperation mit dem jeweiligen Vertragshändler bearbeitet.

4.2.4 Schwierigkeiten bei der Einführung und praktischen Umsetzung des KKPs

Bei der praktischen Umsetzung gilt es für Saab zunächst, die **Kooperation** mit seinen Vertragshändlern voranzutreiben bzw. zu intensivieren.

Um eine effiziente Datenbank aufzubauen, muß vor allem das **Mißtrauen** der Händler abgebaut werden, seine Kundendaten der Zentrale zur Verfügung zu stellen. Der Händler, der die Kundendaten als sein Eigentum empfindet - was sie rechtlich gesehen auch sind - gibt diese oftmals nur ungern weiter, besonders dann, wenn sich auf engstem Raum mehrere Saab-Zentren konzentrieren.

Aufgabe von Saab Deutschland ist es hier, beispielsweise mit **Datenschutzerklärungen** gegenzusteuern. Ziel muß es sein, dem einzelnen Händler vor Augen zu führen, daß ihm die Zentrale mit den ihr zur Verfügung gestellten und von ihr aufbereiteten Kundendaten sehr viel Servicearbeit abnehmen und er somit erhebliche Kosten sparen kann.

Nur in einer **engen Kooperation** zwischen beiden Partnern ist es möglich, die jeweilige Zielgruppe ganz individuell anzusprechen. Der KKP-Baustein „Kunden werben Kunden" soll beispielsweise gezielt für 6.000 Saab-Kunden eingesetzt werden. Saab Deutschland erarbeitet die einzelnen Programmschritte, erstellt die notwendigen Broschüren bzw. Folder und erläutert dem Händler vor Ort die jeweilige Zielsetzung und Vorgehensweise. Dessen

Aufgabe besteht nun darin, aus seinem vorhandenen Kundenkreis diejenigen Kunden auszuwählen und anzusprechen, von denen er glaubt, daß sie für dieses Programm in Frage kommen.

Die **Kundenbindung** nimmt im gesamten Marketing-Mix des Unternehmens einen wachsenden Stellenwert ein. Dabei profitiert Saab von der zweifelsfrei vorhandene Markentreue seiner Kunden (vgl. hierzu Abbildung 26) und ein über Jahre hinweg hohes Kundenzufriedenheitsniveau von über 90 %.

Vorrangiges Augenmerk gilt jedoch bei Saab Deutschland im Moment sicherlich der **Neukundengewinnung**. Für diese Tatsache spricht auch, daß für Kundenbindungsaktivitäten, trotz der kostspieligen Erarbeitung und baldigen Einführung eines neuen, veränderten KKPs, nur ein relativ kleiner Anteil des gesamten Marketing-Budgets zur Verfügung gestellt wird.

4.3 Die Einführung des Kundenbindungsprogrammes der Porsche AG

4.3.1 Das Unternehmen Porsche

Im Vergleich zu anderen Automobilmarken des Segments exklusiver Fahrzeuge ist der Name Porsche sehr stark **emotional geladen** und einem klaren Produktprofil zugeordnet. Porsche trägt und kommuniziert das Markenerbe eines unabhängigen technischen Pioniers, der seit jeher Hochleistungsautomobile für Fahrer mit höchsten Ansprüchen entwickelt und in Qualitätsarbeit vollendet hat.

In Deutschland konnte die Porsche AG im Jahr 1996 trotz eines allgemein rückläufigen Sportwagenmarktes ihren Marktanteil von 0,2 % mit 6.111 verkauften Fahrzeugen erfolgreich verteidigen.

Porsche ist allerdings ein sehr **exportorientiertes** Unternehmen. Weniger als 30 % des Umsatzes, der sich 1995 auf 2,6 Mrd. DM belief, erzielt Porsche in Deutschland. Die USA stellen den wichtigsten Markt für Porsche-Automobile dar.

Für die nahe Zukunft geht man bei Porsche von einer positiven gesamtwirtschaftlichen Entwicklung aus, stützt seine geschäftlichen Pläne aber vor allem auf die eigenen Kräfte. So bestimmen die intensive Entwicklung **neuer Produkte** und die Vorbereitung der Produktion neuer Modellreihen, eine Neuorientierung der Vertriebsaktivitäten und die Fortsetzung der Optimierung interner Abläufe das unternehmerische Handeln in den nächsten Geschäfts- jahren (vgl. Porsche AG, 1995, S. 9 ff.).

4.3.2 Organisation und Ablauf des Porsche-Kundenkontaktprogrammes

Nachdem bis vor wenigen Jahren die 80 Porsche-Vertragshändler in völliger Eigenregie für Kundenbindungsmaßnahmen zuständig waren, wurde 1994 mit dem **Porsche-Online- Programm** ein Instrument entwickelt, das sowohl die systematische Betreuung bereits bestehender Kunden, als auch die ständige Gewinnung neuer Interessenten sicherstellen soll. Das Porsche-Online-Programm besteht somit aus einem Interessenten- und einem Kundenkontaktprogramm, die im Rahmen des Gesamtkonzeptes völlig gleichberechtigt nebeneinander ablaufen.

Mit seinem Kundenkontaktprogramm verfolgt der Stuttgarter Hersteller von Exklusiv-Autos vorrangig zwei **Zielsetzungen**:

⇒ Die **Loyalität** zur Marke aufrecht zu erhalten und

⇒ die Kunden zu motivieren, **Service- und Dienstleistungen** der Porsche-Zentren verstärkt in Anspruch zu nehmen. („Mancher Kunde erfährt von so mancher Dienstleistung der Porsche-Autohäuser nicht unbedingt und automatisch", erklärt die Porsche-Marketingabteilung.)

Wird in irgendeinem Porsche-Zentrum in Deutschland ein Neuwagen verkauft, so ist der jeweilige Händler gehalten, alle wichtigen Kunden- und Fahrzeugdaten direkt über PC an die **zentrale Kundendatenbank** weiterzuleiten.

Der Verlauf des Kundenbindungsprogramms ist in der Abbildung 31 zusammengefaßt.

Abbildung 31: Porsche-Kundenbindungsprogramm (Beispiel)

Herbst 1995:	Bestellung eines Porsche, der im Januar 1996 ausgeliefert wird
Dezember 1995:	Brief mit Betriebsanleitung, wenige Wochen vor der Auslieferung
Januar 1996:	Gratulationsbrief zur Auslieferung des neuen Autos
März 1996:	Brief mit Fragebogen und der Bitte, diesen auszufüllen
Juli 1996:	Gratulation zum Geburtstag des Kunden
Oktober 1996:	Einladung zur Jahreswartung
Dezember 1996:	Neujahrs-Glückwünsche
Januar 1997:	Gratulation zum Fahrzeug-Geburtstag
Juli 1997:	Geburtstags-Gratulation an den Kunden
Oktober 1997:	Brief mit Erinnerung an Ablauf der Garantiefrist
Dezember 1997:	Neujahrs-Glückwünsche
Juli 1998:	Geburtstags-Gratulation an den Kunden
November 1998:	Brief mit Erinnerung an den ersten TÜV-/AU-Termin
Zusätzlich:	Regelmäßiger Versand der Kundenzeitschrift „Christophorus"
Zusätzlich:	„Porsche-Online" Telefon-Hotline und Internet-Adresse

Quelle: Zach, 1997, S. 263

Aufgrund des übermittelten voraussichtlichen Auslieferungsdatums veranlaßt die Zentrale die Aussendung des ersten Mailings, mit dem der Neukunde die **Betriebsanleitung** für sein neues Fahrzeug erhält.

Circa eine Woche nach Fahrzeugauslieferung gratuliert der Porsche-**Vorstandsvorsitzende** in einem Schreiben persönlich zum Kauf des Fahrzeuges und verspricht, sich für die Kundenzufriedenheit einzusetzen (vgl. Abbildung 32).

Zwei Monate nach der Neuwagenauslieferung wird der Kunde dann nach seiner **Zufriedenheit** im Zusammenhang mit dem Fahrzeugverkauf und der anschließenden Auslieferung befragt (vgl. Abbildung 33 und 34).

Insgesamt besteht das Porsche-KKP aus **zwölf Mailings**, die im einzelnen an fällige TÜV- bzw. AU-Termine, an ablaufende Gewährleistungsfristen etc. erinnern (vgl. Abbildung 31).

Daneben setzt Porsche den **Geburtstagsgruß** für den Kunden wie auch für dessen Fahrzeug ein. Zu diesem Zweck wird dem Kunden ein Jahr nach Fahrzeugkauf über UPS eine hochwertige, der Exklusivität der Marke entsprechende, Flasche Sekt mit dazugehörigem Sektkühler zugestellt. Hierdurch sorgt Porsche natürlich auch über Mundwerbung für ein positives Image im Netzwerk des Kunden, der es sich in der Regel nicht nehmen lassen wird, über diese Form der individuellen Kundenbetreuung in seinem Verwandten-, Bekannten- und Kollegenkreis zu berichten.

Zusätzlich bekommt jeder Porsche-Fahrer regelmäßig die Porsche-**Kundenzeitschrift** „Christophorus". Ergänzt wird der kontinuierliche Kontakt per Brief durch die 1996 etablierte Telefonhotline „**Porsche-Online**", die jedoch, auch durch entsprechende Kommunikationsmaßnahmen in den klassischen Medien, überwiegend als Instrument zur Neukunden- und Interessentengewinnung eingesetzt wird.

Der einzelne Porsche-**Händler** hat zu jedem Zeitpunkt die Möglichkeit, die Maßnahmen selbst zu steuern, das heißt festzulegen, wenn bestimmte Mailings nicht ausgesandt werden sollen. Zu seiner Kontrolle erhält er dafür monatlich eine Auflistung der Kunden mit Nennung der entsprechenden KKP-Mailings, die im jeweiligen Monat versandt werden.

Die Pflege der Kundendaten obliegt ebenfalls dem Porsche-**Vertragshändler**. Seine Aufgabe ist es, permanent neue Informationen über den Kunden zu sammeln und somit die Datenbank zu aktualisieren. Hierdurch wird es ermöglicht, im ständigen Kundendialog die sich im Zeitablauf verändernden Kundenbedürfnisse zu identifizieren und hierfür entsprechend individuell wirkende Problemlösungen zu entwickeln (vgl. Zach, 1997, S. 263, vgl. Fischers Archiv, 1996, S. 8-29).

Über die im Rahmen des Porsche-KKPs sichergestellte Mindestbetreuung des Kunden hinaus stehen dem Händler zusätzlich noch **weitere Aktivitäten** offen (z. B. exklusive Events, die Organisation von Golfturnieren, Sicherheitstrainings, Einladung zur Internationalen Automobil-Ausstellung (IAA), etc.).

Abbildung 32: Porsche Vorstandsmailing

PORSCHE

Der Vorstand

Herrn
Hans Hof
Schottmüllerstr. 20a

20251 Hamburg

Stuttgart, den 00.00.1996

Sehr geehrter Herr Hof,

herzlichen Glückwunsch zu Ihrem neuen Porsche!

Die Faszination dieses einzigartigen Fahrzeuges können Sie jetzt selber erleben. Tag für Tag, Jahr für Jahr - wenn Sie wollen, ein Leben lang. Denn nicht nur das ideal ausbalancierte Verhältnis von Leistung und Sicherheit wird Sie überzeugen. Auch das klassisch schöne Design und die sprichwörtliche Perfektion eines jeden Porsche wecken Begeisterung.

Ich setze mich persönlich dafür ein, daß sich alle Mitarbeiter von Porsche für die Zufriedenheit unserer Kunden stark machen und die hohen Erwartungen erfüllen werden. Verlassen Sie sich deshalb darauf, daß Sie auch weiterhin mit viel Engagement und professionellem Einsatz von uns betreut werden.

Ich wünsche Ihnen viel Freude und Fahrspaß mit Ihrem neuen Porsche.

Mit freundlichem Gruß

Dr. Ing. h.c. F. Porsche
Aktiengesellschaft

Wendelin Wiedeking

Dr. Ing. h. c. F. Porsche Aktiengesellschaft
Sitz der Gesellschaft: Stuttgart
Registergericht: Amtsgericht Stuttgart HRB-Nr. 5211
70432 Stuttgart
Telefon (07 11) 8 27-0

Ehrenvorsitzender des Aufsichtsrats:
Prof. Dr.-Ing. h. c. F. Porsche
Vorsitzender des Aufsichtsrats:
Prof. Dr. Helmut Sihler

Vorstand: Dr.-Ing. Wendelin Wiedeking, Vorsitzender
Walter Gnauert, Harro Harmel, Dr.-Ing. Uwe Loos,
Horst Marchart, Hans Riedel

0001-0194

Abbildung 33: Porsche Händlermailing

Sportwagenzentrum GmbH · Musterstraße 10 · 20000 Hamburg

Herrn
Hans Hof
Schottmüllerstr. 20a

20251 Hamburg

Porsche Zentrum
Mustermax
Sportwagenzentrum GmbH
Musterstraße 10
20000 Hamburg
Telefon (040) 4809501
Telefax (040) 48095100

Hamburg, 00.00.1996

Sehr geehrter Herr Hof,

zusammen mit der Entscheidung für einen Porsche haben Sie auch uns, Ihrem Porsche Zentrum, das Vertrauen ausgesprochen. Dafür danken wir Ihnen recht herzlich.

Und nun wollen wir wissen, ob wir dieses Vertrauen auch verdienen. Dazu haben wir einen Fragebogen für Sie vorbereitet, mit dem Sie uns ganz ehrlich Ihre Meinung sagen können.

Damit ist eine gute Grundlage gegeben für eine angenehme Zusammenarbeit mit Ihnen. So haben wir die Möglichkeit, besser auf Ihre individuellen Wünsche einzugehen und Sie vom Porsche Zentrum aus gezielter zu informieren.

Nehmen Sie sich also bitte einige Minuten Zeit, die Ihnen später mit Sicherheit zugute kommen werden. Vielen Dank für Ihre Mühe.

Mit freundlichen Grüßen

Ihr
Porsche Zentrum Mustermax
Geschäftsführung

Max Mustermann

Abbildung 34: Porsche Fragebogen

Eine Frage des Vertrauens.

Sagen Sie uns bitte, wie zufrieden Sie mit uns sind.

Hans Hof
Schottmüllerstr. 20a
20251 Hamburg

Bitte aktualisieren Sie nebenstehende Daten,
falls notwendig:

_____

_____

Ihr Porsche: 911 C2 Coupé
Ihre Rufnummer für Rückfragen:

_____

_____

_____

Bei den abgestuften Antwortmöglichkeiten
kreuzen Sie Ihre Bewertung bitte nach dem
Schulnotensystem an:
1 = sehr gut, 2 = gut, 3 = befriedigend, 4 = ausreichend, 5 = mangelhaft, 6 = nicht ausreichend

Haben Sie vor der Auslieferung Ihres Porsche die
Betriebsanleitung erhalten?

☐ ja ☐ nein

Zum Fahrzeugkauf:

Wie gefiel Ihnen die Neuwagenausstellung im
Porsche Zentrum?

1 2 3 4 5 6

Wie empfanden Sie die Beratung?

1 2 3 4 5 6

Was können wir besser machen?

_____

_____

Zur Fahrzeugauslieferung:

In welchem Zustand befand sich das Fahrzeug bei der
Übergabe?

1 2 3 4 5 6

Wie wurde Ihnen das Fahrzeug von unseren Mitarbeitern erklärt?

1 2 3 4 5 6

☐ Erklärung war nicht notwendig, weil

_____

Was können wir besser machen?

_____

_____

Vielen Dank für Ihre Mitarbeit.

Bitte faxen Sie uns Ihre Antwort:
Faxnummer: 01805-356 911 (0,48 DM/Minute)
Oder schicken Sie sie an:
Porsche Online, Postfach 30 36 01, 20312 Hamburg

Ein weiteres Kundenbindungsinstrument, auf das z. B. im Christophorus-Magazin regelmäßig hingewiesen wird, ist die **Porsche-Card**: Für einen Jahresbeitrag von 175 DM erhält der Porsche-Kunde eine Euro- und eine Visacard mit integriertem Telefon-Pin-Chip. Entsprechend der individuellen Bedürfnisse vieler Porsche-Fahrer ist mit diesen Karten eine Wartelistepriorität bei der Lufthansa sowie der freie Eintritt in die Frequent-Traveller-Lounge verbunden.

Diese Dienstleistungen der Porsche-Card eröffnen dem Unternehmen zahlreiche Möglichkeiten, die Partnerschaft mit dem Kunden zu pflegen und zu intensivieren.

4.3.3 Bewertung des Porsche-Kundenkontaktprogrammes

Auch im Hause Porsche ist man inzwischen zur Überzeugung gelangt, daß - gerade bei einer solch exklusiven Automobilmarke - der **individuellen Kundenansprache** eine immer größere Bedeutung zukommen wird.

Für sein langfristig entwickeltes und integriert realisiertes Direktmarketing-Konzept gewann Porsche im Sommer 1996 den jährlich ausgeschriebenen Preis für „Erfolg durch Direktmarketing", den „**EDDI**". Der Deutsche Direktmarketing Verband e.V. (DDV) in Wiesbaden zeichnete den Stuttgarter Automobilhersteller unter anderem wegen seiner Pionierrolle für Auto-Direktmarketing aus, aber auch für die Innovationen, die Porsche im kommunikativen Bereich vorantrieb (vgl. Fischers Archiv, 1996, S. 8-29).

Die beiden Säulen des Programms - also die Betreuung bestehender **Kunden** sowie die Gewinnung potentieller **Interessenten** - stehen gleichberechtigt nebeneinander.

Jedoch hatte auch das Porsche-Kundenkontaktprogramm mit den üblichen **Startschwierigkeiten** zu kämpfen. Problematisch gestaltete sich vor allem die Zusammenarbeit mit den Händlern, die noch über keinen Direktanschluß zur Kundendatenbank verfügen.

Wenn Porsche das sehr dünne Händlernetz als Chance zu einer intensiven Kommunikation mit den einzelnen Vertragshändlern konsequent nutzt, wird das Porsche-Online-Programm einen effizienten Beitrag zu einer individuellen und kontinuierlichen Kundenbetreuung leisten können.

4.4 Das Kundenbindungsprogramm der Toyota-Deutschland GmbH

4.4.1 Das Unternehmen Toyota-Deutschland

Die Toyota-Deutschland GmbH wurde 1971 in Köln als „Deutsche Toyota Vertriebs-GmbH"
gegründet. Ende 1974 übernahm die japanische Toyota Motor Sales das deutsche
Importunternehmen als 100 %ige Tochtergesellschaft. Als Konsequenz dieser Übernahme
wurde auch der Firmenname geändert: Ab August 1976 heißt die Toyota Vertriebs-GmbH
nun „Toyota-Deutschland GmbH".

Erhebliche **Preisvorteile** gegenüber den deutschen Anbietern sowie eine überzeugende
Inklusivausstattung, die serienmäßig eine Vielzahl von Extras anbot, sorgten dafür, daß
bereits Ende der siebziger Jahre 536 Toyota-Händler jährlich über 17.000 Fahrzeuge in
Deutschland verkauften.

Nach dem Boomjahr 1991, das mit Rekordmarken bei Zulassungen und Jahresüberschuß in
die deutsche Toyota-Geschichte einging, brachten die allgemeine **Rezession** sowie
Währungsturbulenzen in den folgenden Jahren für Toyota ähnliche Probleme wie für die
übrigen Automobilhersteller bzw. -importeure.

Im Jahre 1996 betrug die Zahl der Toyota-Neuzulassungen bei einem Netz von über 800
Händlern in Deutschland 84.747. Toyota Deutschland erreicht damit einen Marktanteil von
2,4 % und steht auf Platz zehn in der Statistik der in Deutschland neu zugelassenen Fahrzeuge (vgl. Toyota Deutschland GmbH, 1996, S. 6ff., vgl. Kraftfahrtbundesamt, 1996, 1997).

4.4.2 Organisation des Toyota-Kundenkontaktprogramms

Toyota verfolgt mit seinem KKP im wesentlichen drei **Ziele**:

⇒ Zum einen bietet gute Kundenbindung die Chance, die **Loyalität** zu erhöhen.
  Aufgrund der einzelnen Maßnahmen soll der Kunde sowohl mit dem Produkt, als auch
  mit den Leistungen des Händlers zufriedengestellt werden, so daß er sich - langfristig
  gesehen - wieder für ein Toyota-Produkt entscheidet.

⇒ Der zweite Aspekt zielt auf die Verbesserung des **After-Sales-Geschäftes** der Händler.
  Die eingesetzten Kundenbindungs-Instrumente sollen zu einer intensiveren Nutzung der
  Serviceangebote der Toyota-Vertragshändler führen.

⇒ Schließlich will Toyota mit seinem KKP die **Globalzufriedenheit** der Kunden erhöhen.
  In diesem Zusammenhang wird versucht, im Dialog mit dem Kunden diesen besser
  kennenzulernen, Gewohnheiten und Schwachstellen zu erkennen sowie auf der Basis
  dieser Erkenntnisse Maßnahmen zur individuellen Problemlösung zu ergreifen.

Bereits 1986 hat Toyota das Kundenbindungsprogramm „**Basis-KKP**" entwickelt, das seither, in mehr oder weniger unveränderter Form versucht, eine Beziehung zwischen dem Toyota-Käufer und dem Unternehmen aufzubauen (vgl. hierzu Abbildung 35).

Abbildung 35: Das Toyota-Basis-Kundenkontaktprogramm

Zeitpunkt nach EZ	Basis-KKP-TOYOTA	
1. Monat	Händler-Begrüßungsbrief	- Erkundigung Zufriedenheit nach Autokauf - Aktive Kundenansprache zur Beilegung von Unstimmigkeiten
2. Monat	GL-Brief mit CSI Fragebogen VK	- Motivation zur Rücksendung des CSI-Fragebogens
	TEC 1	- Auslage der TEC in der Kundenaufenthaltszone - Verteilung in Arztpraxen und bei Fuhrparkleitern - Postversand an Interessenten
	TEC 2	- Wie TEC 1
10. Monat	Einladung zur 1. Jahresinspektion	- Aktive Terminvereinbarung (siehe Report 5)
12. Monat	TEC 3	- Wie TEC 1
	TEC 4	- Wie TEC 1
23. Monat	Einladung zur 2. Jahresinspektion	- Aktive Terminvereinbarung - Abfrage Zufriedenheit nach Werkstattbesuch
24. Monat		**Achtung!** Leasingende 24. Monat
	TEC 5	- Wie TEC 1
	TEC 6	- Wie TEC 1
24. Monat	CSI-Fragebogen KD	- Abfrage Zufriedenheit nach Werkstattbesuch - Garantieangebot stellen / Modellprospekt zusenden - Probefahrt vereinbaren - Motivation zur Rücksendung des CSI-Fragebogens
34. Monat	Einladung zur 3. Jahresinspektion	- Aktive Terminvereinbarung mit dem Kunden - Fzg. zur Weiterbetreuung KKP-Plus 48 melden
	Achtung: Hier Kunden ins KKP-Plus melden!	

Quelle: Toyota Deutschland GmbH

Im Privatkundengeschäft wird dieses Programm für jeden **Neuwagenkäufer** individuell gestartet. Der Toyota-Vertragshändler, der verpflichtet ist, am Basis-KKP teilzunehmen, meldet bei jedem Neuwagenkauf alle relevanten Kunden- sowie Fahrzeugdaten an eine Datenbank, die aus rechtlichen Gründen an einer externen Stelle geführt wird.

Die Toyota-**Zentrale** übernimmt die gesamte Konzeption, Organisation und Abwicklung des Programmes, Auftraggeber ist jedoch der jeweilige Händler. Auf diese Weise wird versucht, den **Händlern** eine systematische und kontinuierliche Kundenbetreuung zu ermöglichen, wozu diese oftmals aufgrund ihrer geringen Größe überhaupt nicht in der Lage wären.

Die **Kosten** des Programmes für Abwicklung und Betreuung hat Toyota mit ca. 18 DM pro Kunde und Jahr angesetzt. Diese werden in vollem Umfang vom Handel getragen. Die Zentrale übernimmt lediglich die Kosten, die für die Konzeption und Entwicklung des Programmes sowie für Aktualisierungsmaßnahmen anfallen.

Für die Toyota-Luxusklasse „**Lexus**" existiert ein eigenes Betreuungsprogramm, das grundsätzlich mit dem Toyota-KKP vergleichbar ist, jedoch, an den Fahrzeugtyp angepaßt, qualitativ höherwertige Aussendungen und Anstöße enthält. Die Kosten für dieses Programm belaufen sich auf ca. 50 DM pro Kunde und Jahr.

4.4.3 Organisation und Ablauf des Toyota-Kundenkontaktprogramms

Das Basis-KKP betreut die Kunden über einen Zeitraum von 36 Monaten. Innerhalb dieser Zeitspanne soll dem Handel die Möglichkeit gegeben werden, über eine sinnvolle Anzahl von Werbeanstößen offensiv mit seinen Kunden ins Gespräch zu kommen.

Im ersten Monat nach der Zulassung des Fahrzeuges erhält der Kunde gemäß der Abbildung 35 einen Händler-**Begrüßungsbrief**, in dem er auf die Zufriedenheit mit der Kaufabwicklung sowie auf evtl. aufgetretene Unstimmigkeiten angesprochen wird.

Einen Monat später stellt sich die Toyota-Geschäftsleitung in einem Mailing dem Neukunden vor. Gleichzeitig erhält der Kunde mit dieser Aussendung einen **Fragebogen**, der sich auf die Zufriedenheit des Kunden mit den im Rahmen des Fahrzeugkaufs anfallenden Tätigkeiten bezieht.

In regelmäßigen Abständen wird der Kunde dann an fällige **Jahresinspektionen** erinnert, mit dem Ziel, aktiv einen Kundendienst-Termin bei seinem Toyota-Vertragshändler zu vereinbaren.

Am Ende des zweiten Jahres nach der Erstzulassung wird der Kunde mit einem weiteren Mailing konfrontiert. Dieses beinhaltet wiederum einen **Fragebogen**, in dem die Zufriedenheit des Kunden mit der Inanspruchnahme des Toyota-Kundendienstes abgefragt wird. Als Motivation zur Rücksendung des Fragebogens enthält das Mailing außerdem einen Schlüsselanhänger mit dem neuen Toyota-Emblem. Zusätzlich nimmt der Kunde an der Verlosung von attraktiven Preisen teil (vgl. Abbildung 36 und 37).

Über die Aussendung von Mailings, die im Namen des Händlers stattfinden, aber zentral abgewickelt werden und somit quasi ohne sein Zutun ablaufen, wird der jeweilige **Vertragshändler** im nachhinein informiert. Zu diesem Zweck erhält er von der Zentrale eine Liste, aus der hervorgeht, welche seiner Kunden vor kurzem zu welchem Zweck angeschrieben wurden.

Parallel zu den beschriebenen Maßnahmen erhält der Kunde zweimal jährlich die Toyota-**Kundenzeitschrift** „TEC", die vor allem markenspezifische Beiträge, z. B. Hintergrundberichte zum Unternehmen, Vorstellung von neuen bzw. Sondermodellen oder Aktivitäten und Engagements von Toyota im Bereich des Sports oder der Kultur enthält.

Am Ende der Laufzeit des Basis-KKPs besteht für den Händler im Rahmen des Kundenbindungsprogrammes „**KKP-Plus**" die Möglichkeit der Weiterbetreuung seiner Kunden bis zu 60 Monaten. Die Zentrale stellt ihm hierfür geeignete und sinnvoll erscheinende Kundenadressen zur Verfügung.

Nach Angaben von Toyota wird diese Möglichkeit jedoch in nur unbefriedigender Weise von den Händlern genutzt, für die natürlich in diesem Zusammenhang weitere Kosten anfallen. Daher wird in der Toyota-Unternehmensleitung darüber nachgedacht, das Basis-KKP, bei dem der Händler grundsätzlich zur Teilnahme verpflichtet ist, auf 54 Monate zu **verlängern**, um eine kontinuierliche Kundenbetreuung bis zum Wiederkauf sicherzustellen.

4.4.4 Bewertung des Toyota-Kundenkontaktprogrammes

Die Maßnahmen zur Herstellung einer längerfristigen Kundenbeziehung nehmen nach unternehmensinternen Angaben zwar einen nicht zu unterschätzenden Stellenwert ein, dennoch ist nicht zu übersehen, daß auch im Hause Toyota Deutschland GmbH im Zuge der angestrebten Marktanteilserweiterung das Hauptaugenmerk auf der Gewinnung von neuen **Interessenten** liegt.

„Maßnahmen zur Kundenbindung stabilisieren den Sockel, auf dem sich unsere übrigen Aktivitäten, wie z. B. Neukundengewinnung, bewegen", so der Werbeleiter bei Toyota Deutschland.

Auffällig ist auch, daß die Zufriedenheit des Kunden mit dem **Produkt** absoluten Vorrang gegenüber der Zufriedenheit mit dem After-Sales-**Service** besitzt.

Gerade in der heutigen Zeit, in der der Kunde die Produktqualität als selbstverständlich erachtet, besteht bei dieser Sichtweise sicherlich die Gefahr, daß in zu geringem Maße auf die Bedürfnisse des Kunden nach Zusatznutzen, der sich z. B. in einer intensiven Betreuung seitens des Handels ausdrücken kann, Rücksicht genommen wird.

Hervorzuheben ist sicherlich die **Individualität** des KKPs, das für jeden Neukunden separat abläuft und diesen möglichst persönlich und bezugnehmend auf den von ihm gekauften Fahrzeugtyp anspricht.

Kritisch anzumerken bleibt die unter Umständen zu geringe Basis-**Laufzeit** des Programmes sowie die Tatsache, daß der Händler primär die von ihm aufzubringenden Kosten für das KKP sieht, das im Prinzip ohne seine Eigeninitiative abläuft.

Für die **Zentrale** wird es daher vor allem darauf ankommen, die einzelnen Vertragshändler von der Wichtigkeit der Thematik Kundenbindung zu überzeugen und ihnen deutlich zu machen, daß nach erfolgter Vertragsunterzeichnung die Aufgabe des Handels längst nicht beendet ist. Vielmehr gilt es nun, aus dem soeben gewonnenen Kunden einen zufriedenen Kunden zu machen, der das Produkt in seinem Bekanntenkreis weiterempfiehlt und sich in absehbarer Zeit wieder für ein Toyota-Produkt entscheidet.

Abbildung 36: Toyota Mailing Zufriedenheitsnachfrage

TOYOTA

KUNDENSERVICE

Im Auftrag der Toyota Vertragshändler
Blumenstraße 16 · 8192 Geretsried

TOYOTA Kundenservice · Blumenstraße 16 · 8192 Geretsried

Herrn
Karl Muster
c/o Musterfirma
Musterstrasse 9

9999 Musterort 99

666666*44444*121212
LOEE900102330*02*11

15. April 1991

Sehr geehrter Herr Muster,

vor kurzem ist Ihr TOYOTA ein Jahr älter geworden. Das war natürlich ein Anlaß für Sie, Ihr Fahrzeug in der Jahresinspektion
durchchecken zu lassen. Sicherlich ist Ihnen noch gut in Erinnerung, wie zufrieden Sie mit dem Kundendienst Ihres Händlers waren.

Ihr TOYOTA Händler wie auch das Unternehmen TOYOTA möchten, daß
Sie immer gut bedient werden. Dennoch wissen wir, daß es immer
etwas zu verbessern gibt. Helfen Sie uns dabei, indem Sie uns
Ihr Urteil über den vor kurzem in Anspruch genommenen Kundendienst mitteilen. Wir haben für Sie einen Fragebogen vorbereitet,
auf dem wir Sie bitten, Ihre Erfahrungen mit dem Kundendienst
kurz zu notieren. Denn nur, wenn wir Ihre Kritik kennen, können
wir an Verbesserungen arbeiten.

Es wäre schön, wenn Sie den ausgefüllten Fragebogen bereits
innerhalb der nächsten 14 Tage zurückschicken könnten. Bitte
beachten Sie dabei:

Zusätzliche Notizen und Anmerkungen auf dem Fragebogen können
aus datenschutzrechtlichen Gründen nicht an TOYOTA Deutschland
weitergeleitet werden. Falls Sie ein spezielles Anliegen haben,
wenden Sie sich direkt an Ihren TOYOTA Vertragshändler oder an
TOYOTA Deutschland GmbH, Kundenbetreuung, Bachemer Landstr. 2,
5000 Köln 40.

Mit freundlichen Grüßen
Ihr TOYOTA Kundenservice

Thomas Merkel

P.S.: Damit es schneller geht, haben wir Ihnen einen Rückum-
      schlag beigelegt. Und um Ihnen "danke schön" für's Aus-
      füllen und schnelle Zurückschicken zu sagen, haben wir
      uns noch eine kleine Überraschung für Sie ausgedacht.

Wir haben den Fragebogen so gestaltet, daß Sie wenig Mühe bei der Beantwortung haben. Kreuzen Sie einfach das Ihrer Meinung nach Zutreffende an. Sie helfen uns auf diese Weise, den TOYOTA Kundendienst noch zu verbessern und kundenfreundlicher zu gestalten. Übrigens, als kleiner Dank für Ihre Hilfe wartet am Ende des Fragebogens noch eine Überraschung auf Sie.

Doch zunächst eine ganz wichtige Frage vorab, die entscheidet, ob Sie diesen Fragebogen überhaupt auszufüllen brauchen.

1. **NEHMEN SIE DEN KUNDENDIENST DES TOYOTA HÄNDLERS IN ANSPRUCH, BEI DEM SIE IHREN NEUWAGEN GEKAUFT HABEN?**

A ■ Ja, immer.
B ■ Ja, manchmal.
C ■ Nein, bei einem anderen TOYOTA Händler.
D ■ Nein, bei meiner Tankstelle.
E ■ Nein, bei einer freien Werkstatt.
F ■ Nein, mache ich selbst.

ALLE WEITEREN FRAGEN BITTE NUR BEANTWORTEN, WENN SIE DIE FRAGE 1 MIT JA (A ODER B) BEANTWORTET HABEN.

! **BENOTEN SIE DEN SERVICE IHRES HÄNDLERS! BEI FRAGE 2 GEBEN SIE IHREM HÄNDLER BITTE NOTEN, DIE SIE IN DIE DAFÜR VORGESEHENEN KÄSTCHEN EINTRAGEN. UND DAS BEDEUTEN DIE NOTEN:**

1 Vollkommen zufrieden.
2 Teilweise zufrieden.
3 Noch akzeptabel.
4 Teilweise unzufrieden.
5 Vollkommen unzufrieden.
0 Trifft auf mich nicht zu.

2. **WIE BEURTEILEN SIE DEN KUNDENDIENST IHRES TOYOTA HÄNDLERS, BEI DEM SIE IHR FAHRZEUG GEKAUFT HABEN?**

DIE FAHRZEUGÜBERGABE

Ist Ihr TOYOTA Händler gut zu erreichen? A ■

Konnten Sie problemlos einen akzeptablen Termin mit ihm vereinbaren? B ■

Sind die Öffnungszeiten Ihres TOYOTA Händlers für Sie ausreichend? C ■

Sagt Ihnen das Erscheinungsbild zu? (Betrieb und Mitarbeiter) D ■

Wurden Sie durch das Kundendienst-Personal prompt bedient? E ■

Wurde auf Ihre Wünsche eingegangen, eine klare Diagnose gestellt? F ■

Konnten Ihnen Fragen zum Arbeitsumfang und den voraussichtlichen Kosten bei Auftragserteilung beantwortet werden? G ■

4.5 Das Subaru-Kundenkontaktprogramm

4.5.1 Das Unternehmen Subaru Deutschland GmbH

Die **Subaru Deutschland GmbH** wurde 1980 gegründet, um auf einem der am härtesten umkämpften Automobilmärkte der Welt Fuß zu fassen. Innerhalb kürzester Zeit gelang der Aufbau eines schlagkräftigen Händlernetzes, das heute aus ca. 450 Subaru-Vertragshändlern besteht. 1984 entstand das Subaru-Import- und Service-Zentrum in Friedberg in Hessen, von dem aus alle Aktivitäten in Deutschland koordiniert werden.

Kennzeichnend für Subaru-Fahrzeuge ist, daß alle Modelle über eine **Allradantriebs-Technik** verfügen.

Auch Subaru hatte in den letzten Jahren unter der allgemeinen wirtschaftlichen **Rezession** und der Stagnation auf dem deutschen Automobilmarkt zu leiden. Die Abwertung des US-Dollars und des japanischen Yen taten ihr übriges.

So blieb denn auch Subaru im Jahre 1996 deutlich hinter den gesteckten Erwartungen zurück. Nachdem bereits im Jahre 1995 nur knapp über 10.000 statt der ursprünglich prognostizierten 13.000 Neuzulassungen realisiert werden konnten, sank die Zahl der Neuzulassungen im Jahre 1996 um weitere 15 % auf 8.888. Mit dieser Zahl erreichte Subaru in Deutschland einen Marktanteil von 0,31 % (vgl. Subaru Deutschland GmbH, 1996, S. 2ff., vgl. Kraftfahrt-Bundesamt, 1997).

4.5.2 Organisation und Ablauf des Subaru-Kundenkontaktprogramms

Die Organisation des Subaru-Kundenkontaktprogramms entspricht grundsätzlich der des Betreuungsprogramms von Toyota.

Der **Händler**, der verpflichtet ist, am KKP teilzunehmen, gibt nach erfolgter Vertrags-unterzeichnung eine sogenannte **Verkaufsmeldekarte** an die Zentrale bzw. eine von ihr beauftragte externe Agentur weiter. Pflege und Verwaltung von Adressmaterialien obliegen aus rechtlichen Gründen einer externen Stelle. Diese Meldekarte enthält die wichtigsten Daten über den Kunden (Name, Anschrift, Geschlecht, Familienstand) sowie über das gekaufte Fahrzeug (Modell, Fahrzeug-Ident-Nummer, Tag der Erstzulassung, etc.) und ist die wichtigste Basis für die zentrale **Kundendatenbank**, in der sämtliche Neuwagenkunden mit individuellen Qualifikationsmerkmalen gespeichert sind.

Das Subaru-Neuwagen-KKP erstreckt sich über eine **Laufzeit** von 54 Monaten, umfaßt in diesem Zeitraum **elf Aussendungen** und wird komplett von der Zentrale gesteuert und abgewickelt, was eine große Arbeitserleichterung für den einzelnen Händler bedeutet, andererseits natürlich auch eine sehr enge Kooperation zwischen Zentrale und den jeweiligen Vertragshändlern voraussetzt.

So erhält der Händler, der die Kosten des Programmes zu ca. zwei Dritteln übernimmt, bereits eine Woche vor Aussendung des ersten Briefes ein **Datenblatt**, auf dem er ersehen kann, wie die Zentrale die von ihm eingereichten Kunden- bzw. Fahrzeugdaten erfaßt hat. Kommt keine Korrekturmeldung vom Händler, geht die Zentrale von der Richtigkeit der Datenerfassung aus und beginnt daraufhin mit der Brief-Aussendung. Gleichzeitig weiß der Händler, daß exakt zwei Wochen nach der Erstzulassung sein Kunde X das erste Mailing erhält, das einen **Gratulationsbrief** der Geschäftsleitung sowie einen **Fragebogen** zur Zufriedenheit mit der Kaufabwicklung beinhaltet (vgl. Abbildung 38).

Zusätzlich erhält der Kunde als zusätzliche Serviceleistung seine eigene Subaru-**Kundenkarte**, die auf einem Magnetstreifen alle wichtigen Kundendaten sowie Daten über das Fahrzeug enthält. Diese Karte gibt der Kunde bei jedem Besuch in seiner Subaru-Werkstatt ab; der Händler weiß dann genau, wann das Fahrzeug zur letzten Inspektion war, welche Arbeiten an dem Fahrzeug durchgeführt wurden, wer der persönliche Berater des Kunden ist, usw.

In einem **zweiten Brief**, der fünf Wochen nach dem Kaufdatum versandt wird, bedankt sich der Händler für den Kauf und weist seinen Kunden auf etwaige Zubehörteile hin. Ein Magnet-Faltplan, auf den im P S des Briefes verwiesen wird, liegt als kleines Geschenk bei. Dieses Mailing kann, wie die Abbildungen 39 und 40 zeigen, für verschiedene Automobil-modelle und das Alter des Empfängers variiert werden.

Die Steuerung der vom Händler ausgehenden Sendungen erfolgt, wie bereits erwähnt, von **zentraler Stelle** aus. Der Subaru-Händler bekommt zu diesem Zweck eine monatliche Kontrolliste zugesandt, aus der die für den nächsten Monat anstehenden Aussendungen mit den jeweiligen Inhalten hervorgehen. Er hat also jederzeit die Möglichkeit, Korrekturen zu veranlassen bzw. bestimmte Aussendungen zu unterbinden.

Der Zentrale, bzw. der von ihr beauftragten Agentur, liegen die kompletten Firmierungs-angaben sowie die Unterschriften aller 450 Subaru-Händler vor. Jede Aussendung wird dann, ganz nach Wunsch des jeweiligen Händlers, digitalisiert. Auf diese Weise erhält der Subaru-Neuwagenkunde in einem Zeitraum von 54 Monaten insgesamt zwei Briefe der **Geschäftsleitung** und neun seines jeweiligen **Vertragshändlers**.

Die einzelnen Sendungen beinhalten beispielsweise Hinweise auf fällige Inspektionen, informieren über neue Modelle oder laden zu einer Probefahrt ein. In regelmäßigen Abständen geht dem Kunden eine kleine Aufmerksamkeit zu (Taschenrechner, Straßenatlas), außerdem wird er insgesamt dreimal nach seiner **Zufriedenheit** mit dem Fahrzeug sowie mit den angebotenen Serviceleistungen gefragt. Die Ergebnisse dieser Fragebögen sowie monatliche Korrekturlisten, die der Händler an die Zentrale weitergibt, dienen der kontinuierlichen Anreicherung der Subaru-Kundendatenbank.

Über die persönlichen Daten des Kunden sowie über Fahrzeugdaten hinaus, enthält die **Datenbank** somit bereits nach kurzer Zeit weitere Angaben, die die **Individualisierung** der Kundenansprache erleichtern:

Abbildung 38: Subaru Gratulations-Mailing

Kunden-Kontakt-Programme vom 18.11.1996 / Blatt 17

SUBARU Deutschland GmbH
Geschäftsleitung

SUBARU Deutschland GmbH
Hausanschrift:
Mielestraße 6, 61169 Friedberg
Briefanschrift:
61167 Friedberg
Telefon (0 60 31) 60 60

Herr Peter Zielgruppe
Allradstraße 4

54321 Kundenstadt

Muster für Brief 1:
Legacy Neukäufer

Willkommen bei Subaru!

Sehr geehrter Herr Zielgruppe,

einen Autokauf macht man sich nicht leicht. Die Entscheidung für eine Marke und ein bestimmtes Modell hängt von vielen Faktoren ab: Sicherheit, Komfort und natürlich auch das Preis-Leistungs-Verhältnis sind nur einige der Kriterien, die dabei eine große Rolle spielen.

Sie haben sich für einen Subaru Legacy entschieden.
Und dazu möchten wir Sie beglückwünschen!

Mit dem Subaru Legacy haben Sie ein einzigartiges Fahrzeug erworben, das neben vielen anderen Vorteilen serienmäßig über permanenten Allradantrieb verfügt. Darauf werden Sie – ganz gleich zu welcher Jahreszeit – schon bald nicht mehr verzichten wollen.

Um Sie in Zukunft zusammen mit Ihrem Subaru Partner, dem Autohaus Mayer, noch besser und kompetenter betreuen zu können, liegt diesem Schreiben Ihre persönliche Subaru Kundenkarte sowie ein kurzer Fragebogen bei. Wir möchten Sie bitten, den Fragebogen an die beauftragte Agentur im ebenfalls beigefügten Freiumschlag in den nächsten Tagen ausgefüllt zurückzusenden.

Vielen Dank dafür und gute Fahrt in Ihrem neuen Subaru Legacy!

Mit freundlichen Grüßen
SUBARU Deutschland GmbH

Yoshimaro Funaki
Vorsitzender der Geschäftsleitung

PS: Sollte sich auf der Kundenkarte ein Fehler eingeschlichen haben, bitten wir Sie um Rücksendung unter Angabe der Korrektur. Bei Änderung Ihrer Anschrift benutzen Sie bitte ebenfalls beigefügten Vordruck.

Anlagen

Quelle: Subaru Deutschland GmbH

Abbildung 39: Subaru Dank-Mailing

Autohaus Mayer  SUBARU

Autohaus Mayer · Namlosstraße 00 · 12345 Musterstadt

Herr Peter Zielgruppe
Allradstraße 4

54321 Kundenstadt

Autohaus Mayer
Namlosstraße 00
12345 Musterstadt
Telefon 0 12 34 / 56 78
Telefax 0 12 34 / 56 79

Muster für Brief 2:
Legacy/Alter: ab 40

Vielen Dank für Ihr Vertrauen ...

Sehr geehrter Herr Zielgruppe,

seit einigen Wochen fahren Sie einen Subaru Legacy aus unserem Haus. Hiermit möchten wir uns nochmals für Ihr Vertrauen bedanken. Wir werden uns bemühen, Ihnen stets ein zuverlässiger und fairer Partner zu sein, so wie Sie das erwarten können.

Vielleicht sind während der ersten gemeinsamen Wochen mit Ihrem neuen Legacy noch Fragen zur Bedienung oder Technik aufgetaucht. Bitte sprechen Sie uns darauf an, denn auch dafür sind wir selbstverständlich da.

Außerdem möchten wir Sie heute auf unser umfangreiches Zubehörprogramm aufmerksam machen, mit dem Sie Ihren Legacy noch individueller verschönern oder speziell nach Ihrem Verwendungszweck ausstatten können. Der beigefügte Zubehörprospekt enthält viele Ideen, die wir gerne für Sie umsetzen.

Schauen Sie doch einfach bei uns vorbei, wenn Sie sich für ein bestimmtes Zubehör interessieren. Oder auch nur so, um uns von Ihren neuen „Erfahrungen" im Legacy zu berichten. Wir freuen uns auf Ihren Besuch ...

Mit freundlichen Grüßen
Autohaus Mayer

Max Mayer

PS: Der kleine Magnet-Faltplan enthält die wichtigsten Informationen über viele europäische Reiseländer. Ein idealer Begleiter auf der großen Fahrt mit Ihrem neuen Subaru.

Anlagen

Quelle: Subaru Deutschland GmbH

Abbildung 40: Subaru Magnet-Faltplan

Quelle: Subaru Deutschland GmbH

⇒ Viel- oder Wenigfahrer
⇒ Geschäftliche oder private Nutzung
⇒ Erstkäufer oder Wiederkäufer
⇒ Erfahrung mit Allradfahrzeugen
⇒ Hinweise auf die Zahlungsform
⇒ etc.

Da der Subaru-Händler vor Ort oftmals seine Kunden sehr gut kennt und eine **persönliche Bindung** zu diesen aufgebaut hat, kann er auch veranlassen, daß bestimmte Kunden in den Aussendungen in der Du-Version angesprochen werden.

Weiterhin besteht für ihn die Möglichkeit, jederzeit aktuelle PS-Zusätze, z. B. Hinweise auf eine in Kürze stattfindende Sonderveranstaltung, in die Mailings einfließen zu lassen.

Unabhängig von den Aussendungen im Rahmen des Kundenkontaktprogrammes erhält der Kunde jedes Jahr von seinem Händler taggenau einen **Geburtstagsgruß**, außerdem wird ihm viermal jährlich die Subaru-**Kundenzeitschrift** „Drive", die Informationen rund um die Marke Subaru enthält, nach Hause zugestellt.

4.5.3 Das Subaru Direkt-Werbebrief-Programm (DWP)

Das Subaru Direkt-Werbebrief-Programm stellt eine sinnvolle **Ergänzung** und Erweiterung des bestehenden Kundenkontaktprogrammes dar. Es bietet den Vertragshändlern die Möglichkeit, die verschiedensten Zielgruppen direkt anzusprechen.

Das DWP hält eine Auswahl der unterschiedlichsten Themenbereiche bereit, aus der die Händler die Direkt-Werbebriefe abrufen können, wie Abbildung 41 aufzeigt.

Als Spezialanbieter eines **Nischenproduktes** ist es für die Subaru Deutschland GmbH von großer Bedeutung, die Nutzer allradgetriebener Fahrzeuge gezielt anzusprechen. Aus diesem Grund unterscheidet das Subaru DWP allein 16 unterschiedliche Briefversionen für typische Gruppen dieser potentiellen Käuferschicht (z. B. Jäger, Wassersportler, gewerbliche Kunden, Reiter, Camper, usw.).

Daneben haben die Händler die Möglichkeit, über das DWP folgende **Zielgruppen** zu erreichen:

⇒ Kunden, die innerhalb des KKPs betreut werden
⇒ Alt-Kunden, die nicht oder nicht mehr innerhalb des KKPs betreut werden
⇒ Werkstatt-Kunden
⇒ Gebrauchtwagen-Kunden
⇒ Interessenten und VIPs, die mit Informationen über Marke und Haus versorgt werden können

Abbildung 41: Subaru Themen und Zielgruppen für Mailings

Direkt-Werbebrief-Programm vom 20. 6. 1995 / Blatt 9

Welche Themen und Zielgruppen stehen zur Wahl?

Nr.	Themen	Einsatz möglich für:	
		Kunden	Nicht-Kunden
	Anlässe allgemeiner Art:		
1	Winter-Check	X	
2	Frühjahrs-Check	X	
3	Urlaubs-Check	X	
4	Festival-Einladung	X	X
5	Tag der offenen Tür	X	X
6	Neueröffnung / Einweihung	X	X
7	Jäger-Veranstaltung (im eigenen Betrieb)	X	X
8	Jäger-Veranstaltung (außerhalb des Betriebes)	X	X
9	Finanzierungsangebot	X	X
10	Leasingangebot	X	X
11	Abverkaufsaktionen	X	X
	Grüße und Gratulationen:		
12	Ostergrüße	X	
13	Weihnachtsgrüße	X	
14	Gratulation zur Hochzeit	X	X
15	Gratulation zum Nachwuchs	X	X
	Spezielle Zielgruppen:		
16	Gewerbliche Kfz-Nutzer		X
17	Investion zum 31.12. (gewerblich)	X	X
18	Handwerker (speziell Libero)		X
19	Fuhrparkleiter		X
20	Jäger		X
21	Wassersportler		X
22	Wintersportler		X
23	Freizeit-Sportler (speziell Libero)		X
24	Reiter		X
25	Camper		X
26	Ärzte		X
27	Meinungsbildner		X
28	Meinungsbildner (speziell SVX)		X
29	Verlorene Subaru Kunden		X
30	L 1800 Fahrer	X	
31	Ehemaliger Interessent		X
	Sondermodelle:		
32	Sondermodell Legacy Kombi "Season"	X	X
33	Sondermodell (nach Wahl des Händlers)	X	X

Quelle: Subaru Deutschland GmbH

Die **Subaru-Partner** haben jederzeit die Möglichkeit, die Brieftexte der Themenauswahl individuell nach ihren Wünschen anpassen bzw. sich über das Serviceunternehmen, das auch die komplette Organisation und Abwicklung des DWP übernimmt, eigene Themen und Brieftexte entwickeln zu lassen.

Für die Aussendungen stehen den Subaru-Vertragspartnern gemäß Abbildung 42 verschiedene **Werbebrief-Pakete** zur Verfügung.

Die **Vorteile** dieser preiswerten und effizienten Art der Kunden- bzw. Interessentenansprache liegen auf der Hand:

⇒ ausgewählter Empfängerkreis
⇒ festgelegte Gebiete
⇒ wirkungsvolle Kaufanstöße
⇒ Bindung an das Haus
⇒ Profilierung des Händlers

Der **Erfolg** der Mailing-Aussendung wird zwar in erster Linie von der Aussendung selbst und ihrem Inhalt sowie der Qualität der Anschriften bestimmt; doch der Nachbearbeitung der Zielgruppe zu der erfolgten Aussendung ist ebenso viel Bedeutung beizumessen.

Die Subaru Deutschland GmbH unterstützt ihre Vertragspartner auch in dieser Hinsicht. Eigens für die DWP-Aussendungen wurde ein **Telefon-Leitfaden** entwickelt, der den Händlern eine konsequente und gewissenhafte Nachbearbeitung der eingesetzten Mailings erleichtern soll (vgl. Abbildung 43).

4.5.4 Bewertung des Subaru-Kundenkontakt- und Direkt-Werbebrief-Programms

Der Themenbereich **Kundenbindung** hat für das Unternehmen eine sehr hohe Bedeutung. Aufgrund des nur sehr geringen Marktanteils ist es für Subaru äußerst wichtig, den Kunden in allen Punkten zufrieden zu stellen. Dazu zählt neben dem Produkt, also dem Fahrzeug selbst, auch die Serviceleistung vor Ort beim Händler und die Betreuung während der Nutzungsdauer des Fahrzeuges.

Um dies zu gewährleisten, ist eine enge **Kooperation** zwischen der Hauptniederlassung und den 450 Subaru-Betrieben unabdingbare Voraussetzung. Somit bemüht man sich im Hause Subaru auch um einen ganz besonders engen Kontakt zu seinen Händlern.

Dies geschieht einerseits durch den **Außendienst**, der für eine qualifizierte Betreuung der Händler vor Ort zuständig ist, und andererseits durch ein eigenes **Schulungszentrum**, das in der Zentrale aufgebaut wurde und in dem die Händler neben einem detaillierten Lehrgangsprogramm die neuesten Erkenntnisse aus dem Bereich der Verkäuferschulung sowie alle notwendigen Informationen über Maßnahmen im Bereich der Kundenkontakt- programme für Neu- und Gebrauchtwagen erhalten.

Direkt-Werbebrief-Programm vom 20. 6. 1995 / Blatt 4

Wie sehen die Werbebrief-Pakete aus?

Um Ihnen die Entscheidung und die Abwicklung so einfach wie möglich zu machen, haben wir grundsätzlich vier verschieden umfangreiche Werbebrief-Pakete geschnürt.

Jedes Werbebrief-Paket hat einen Pauschalpreis, der die Kosten für Briefpapier, Kuvert, persönliches Anschreiben, die Konfektion, das Frankieren und das Postaufliefern der Aussendung beinhaltet.

Die Portokosten werden nach den gültigen Tarifen der Deutschen Post AG abgerechnet.

Die einzelnen Werbebrief-Pakete unterscheiden sich folgendermaßen:

1. **Werbebrief-Paket Standard:**

   Inhalt:
   persönliches Anschreiben
   Kuvert DIN lang mit Fenster

2. **Werbebrief-Paket Standard plus A:**

   Inhalt:
   persönliches Anschreiben
   personalisierter Antwortcoupon
   Kuvert DIN lang mit Fenster

3. **Werbebrief-Paket Komfort:**

   Inhalt:
   persönliches Anschreiben
   Modell-, Gesamt- oder Spezial-Prospekt
   Kuvert DIN C4 mit Fenster

4. **Werbebrief-Paket Komfort plus A:**

   Inhalt:
   persönliches Anschreiben
   personalisierter Antwortcoupon
   Modell-, Gesamt- oder Spezial-Prospekt
   Kuvert DIN C4 mit Fenster

Quelle: Subaru Deutschland GmbH

Abbildung 43: Subaru Telefon-Leitfaden

Direkt-Werbebrief-Programm vom 20. 6. 1995 / Blatt 52

Telefon-Leitfaden

Kundendaten:		**Telefonat am:**	**um:**
Name:		Telefon privat:	
Vorname:		Telefon gesch.:	
Straße:		Telefax:	
PLZ / Ort:			
Werbebrief:		mit Anlage:	
verschickt am:			

Jetziges Modell:

Marke: ______________________

Modell: ______________________

Baujahr: ______________________

km-Leistung: ______________________

Erstwagen: ☐ Zweitwagen: ☐

Aussattung: ______________________________________

____

____

Wechselrhythmus für Neuwagen: Jahre

Nutzung des Fahrzeugs vorwiegend

☐ privat

☐ geschäftl.

☐ Familie

☐ Freizeit

Informationen senden über: ______________________________________

____

____

Probefahrt:

Termin am: ______________ um: ______________

mit Modell: ______________________

Ausstattung: ______________________________________

____

Termin-Erinnerung am: ______________ um: ______________

<u>nicht</u> vereinbart weil: ______________________________________

____

Weitere Kontakte: <u>nicht</u> mehr weil: ______________________________________

____

Erneutes Telefonat angekündigt

Anruf am: ______________________

Neuer Versuch einer Probefahrt-Vereinbarung

Wiedervorlage am: ______________________

Sonstige Infos über den Kunden (Hobbies, Famile etc.):

____

____

____

____

Quelle: Subaru Deutschland GmbH

Ein weiteres Beispiel für die gute Kommunikation sind die regelmäßigen, mit Beteiligung der Geschäftsleitung stattfindenden Händlerstammtische (vgl. Meunzel, 1995, S. 15).

Das Subaru-KKP nimmt im Rahmen der Kundenbetreuungsprogramme sicherlich eine **Sonderstellung** ein. So gibt es kaum einen Hersteller, der seine Kunden so individuell anspricht und somit den Kontakt über eine Laufzeit von 54 Monaten mit abwechslungsreich gestalteten Mailings kontinuierlich aufrechterhält.

Zusammen mit dem Direkt-Werbebrief-Programm und dem Gebrauchtwagen-Kundenkontaktprogramm, in das der Händler seine Kunden nach der 54-monatigen Laufzeit des Kundenkontaktprogramms wahlweise aufnehmen kann, unterscheidet man bei Subaru insgesamt über **260 verschiedene Briefversionen** für die persönliche Ansprache der unterschiedlichen Zielgruppen.

Die **Effizienz** der einzelnen Programme sowie die partnerschaftliche **Zusammenarbeit** mit den Vertragshändlern haben sich dabei äußerst positiv auf die **Kundenzufriedenheit** sowie auf die Zufriedenheit der Vertragshändler mit der Zentrale ausgewirkt.

Die Subaru-Betriebe erreichten sowohl bei einer Leserbefragung der Autozeitschrift „mot" (Heft 17/95), als auch beim **Servicebarometer** 1995, einer Umfrage der Deutschen Marketing Vereinigung, jeweils den ersten Platz. In beiden Erhebungen schnitten die Subaru-Partner unter anderem bei den Kriterien Freundlichkeit, Kompetenz und Sorgfalt besser ab als alle anderen 29 beteiligten Automarken (vgl. Subaru Deutschland GmbH, 1996, S. 10).

In einer weiteren Untersuchung, in der die Universität Bamberg im Auftrag von eurotax-Schwacke und der Zeitschrift „Autohaus" die Händler von 28 Automobilmarken zur **Zufriedenheit** mit dem jeweiligen Hersteller/Importeur befragte, lag die deutsche Subaru-Zentrale ebenfalls auf Platz eins (vgl. Reik, 1995, S. 38).

Dabei gelang dem japanischen Allradspezialisten seit Einführung des **Dealer Satisfaction Index** im Jahre 1995 bereits die zweite erfolgreiche Titelverteidigung, was bei Bernhard Schoder, Hauptgeschäftsführer der Subaru Deutschland GmbH besondere Genugtuung auslöste: „Dieses Ergebnis ist eine große Auszeichnung für uns. Wir haben einen Hattrick geschafft, und das ist etwas, worauf man wirklich stolz sein kann. Wir fühlen uns durch die erneute Spitzenposition in unseren Bemühungen um die Zufriedenheit der Händler bestätigt."

4.6 Das Kundenkontaktprogramm von Peugeot Talbot Deutschland

4.6.1 Das Unternehmen Peugeot Talbot Deutschland GmbH

Die **Peugeot Talbot Deutschland** GmbH ist Teil des französischen PSA Konzerns, der unter seinem Dach die beiden Automobilhersteller Peugeot und Citroen vereinigt. Beide Unternehmen profitieren auf diese Weise von einem gemeinsam genutzten industriellen, technologischen und finanziellen Potential, das dem Konzern den Rang des drittgrößten europäischen Automobilherstellers gesichert hat. Peugeot und Citroen verfolgen eine unabhängige **Modellpolitik**, zeichnen sich durch einen jeweils individuellen Stil aus und entwickeln ihre Dynamik im Markt auf getrennten Wegen.

Peugeot hat es sich zum Ziel gesetzt, als Generalist seine Position als einer der führenden Automobilhersteller in den verkaufsstärksten Segmenten des internationalen Automobilmarktes weiter auszubauen.

Peugeot Talbot Deutschland (PTD) verzeichnete 1996 ein **Zulassungsvolumen** von 84.481 Fahrzeugen. Dies entspricht einem Marktanteil von 2,4 %. Peugeot hält damit unverändert einen Anteil von neun Prozent innerhalb der Importmarken auf dem deutschen Gesamtmarkt. Der Umsatz von PTD belief sich im Geschäftsjahr 1994 auf 2,251 Mio. DM. Gestützt auf ein Anziehen der Gesamtkonjunktur, einem allgemeinen positiveren Konsumklima und einem zu erwartenden Ersatzbedarf für die in den Boomjahren 1990/1991 gekauften Neuwagen, hat sich PTD für 1997 ein realistisches Jahresziel von über 100.000 Neuzulassungen gesetzt.

Aufbauend auf einer kompletten **Angebotsreihe**, vom Kleinwagen bis zur Oberklasse, attraktiv abgerundet durch imageträchtige Nischenprodukte (Cabriolet, Großraumlimousine), strebt Peugeot eine Verbesserung seines Marktanteils an (vgl. Peugeot Talbot Deutschland GmbH, 1995, o.S., vgl. Kraftfahrtbundesamt, 1997).

4.6.2 Organisation und Ablauf des Peugeot-Kundenkontaktprogrammes

Das seit 1984 bestehende Kundenkontaktprogramm von Peugeot Talbot Deutschland wurde 1994 aufgrund von Erkenntnissen aus Marketing, Kaufpsychologie und Marktforschung komplett überarbeitet. Anlaß dafür waren der Wertewandel und die Veränderung des Konsumentenverhaltens in unserer Gesellschaft sowie die gestiegenen Anforderungen der Händler an ein KKP. Basis für das neue **KKP-2000** ist die systematische Betreuung des Kunden vom Neuwagenkauf an über mehrere Jahre bis zum Wiederkauf, um den bestehenden Kundenstamm zu sichern.

Derzeit nehmen ca. 700 **Händler** am KKP teil. PTD arbeitet daran, diese Zahl kontinuierlich zu erhöhen, um eine möglichst flächendeckende Betreuung aller Peugeot-Neuwagenkunden zu gewährleisten.

Das KKP-2000 bietet dem einzelnen Vertragshändler viele **Vorteile**. Seine Kunden werden, nachdem er auf einem vorgedruckten Adreßerfassungsbeleg alle fahrzeug- und personenbezogenen Daten an eine von PTD beauftragte Agentur weitergeleitet hat, automatisch, regelmäßig, persönlich und individuell mit seiner Unterschrift angeschrieben. Er kann sich zusätzlich an Aktionen beteiligen, die er als einzelner Händler aus Kosten- und Personalgründen niemals allein realisieren könnte.

PTD übernimmt die gesamten **Kosten** für Text und Gestaltung der Mailings sowie für die Produktion (Satz, Litho, Druck, etc.) aller Werbemittel. Die Vertragshändler tragen im Gegenzug die Kosten für die EDV- und Versandarbeiten sowie für Porti, so daß letztendlich ca. 60 % der Gesamtkosten auf die **Hersteller-** und 40 % auf die **Händlerseite** entfallen.

Das PTD-KKP 2000 setzt sich aus verschiedenen **Bausteinen** zusammen, die allesamt aufeinander aufbauen (vgl. Abbildungen 44 und 45).

Das Fundament für alle Aktivitäten ist das automatisch ablaufende **Basis-Programm**. Darin enthalten sind die Mindestmaßnahmen, die für eine effiziente Kundenbetreuung notwendig sind. Das **Auswahl-Programm** bildet die Säulen, die auf diesem Fundament aufbauen. Hierzu gehören beispielsweise Sonderaktionen, die dem Händler vorab angeboten und nur auf seine Weisung hin durchgeführt werden.

Die einzelnen Aktivitäten aus dem Basis-KKP zielen zusammen mit den Bestandteilen des Auswahl-Programms in ihrer Summe auf eine steigende **Markentreue** als Voraussetzung für den Folgekauf.

Im Rahmen des **Basis-KKPs** erhält jeder Neuwagenkunde nach ca. sechs Wochen ein attraktives und umfangreiches **Begrüßungspaket** mit einem Brief des PTD-Generaldirektors, in dem der Händler als leistungsstarker und qualifizierter Partner hervorgehoben wird. Neben der jeweils neuesten Ausgabe der PTD-**Kundenzeitschrift** „Avenue" liegt dieser Aussendung weiterhin ein **Fragebogen** bei, der wichtige Informationen über die Kaufentscheidung und die voraussichtliche Haltedauer abfragen soll.

Weitere Aussendungen beinhalten die Erinnerung an wichtige TÜV- bzw. AU-Termine.

Diesen Mailings ist jeweils ein **Fragebogen** zur Produktzufriedenheit beigefügt, dessen Ergebnisse wichtige Ansatzpunkte für ein Neuwagen-Verkaufsgespräch liefern. Als Motivation zur Rücksendung des Fragebogens verbindet PTD damit eine integrierte **Spendenaktion**, d. h. eine DM für jede zurückgesandte Antwort gehen zugunsten eines Umweltschutzprojektes, was ganz nebenbei auch den positiven Gesamtauftritt des Unternehmens verstärken soll.

Zu seinem Geburtstag erhält der PTD-Kunde eine originelle **Glückwunschkarte** und ca. neun Monate vor dem geplanten Kauf eines Neuwagens (diese Information hat sich PTD entweder vorher durch gezielte Fragen in anderen Aktionen beschafft oder es wird einfach ein Durchschnittswert errechnet, der bei ca. 30 Monaten nach Fahrzeugkauf liegt) geht ihm die sogenannte **Neuwagen-Kaufmotivation I** zu, in der man gezielt eine Probefahrt mit dem Nachfolge- bzw. nächsthöheren Modell anbieten möchte.

Abbildung 44: Das Basis-Programm und das Auswahl-Programm als Bausteine des PTD-Kundenkontaktprogrammes 2000

Basis-Kontaktprogramm-Anlässe bei einer durchschnittlichen Haltedauer von 3,5 Jahren

*Für alle Benzinmotoren ohne geregelten Katalysator gilt weiterhin die jährliche Abgas-Sonderuntersuchung (ASU)

KKP-Bausteine	1. Jahr	2. Jahr	3. Jahr	4. Jahr
Basis-Programm				
Neuwagen-Begrüßungsbrief	I			
Kundengeburtstag	I	I	I	
TÜV/AU*				T
NW-Kaufmotivation I: 9 Monate vor Kauf			V	
NW-Kaufmotivation II: 6 Monate vor Kauf				V
NW-Kaufmotivation III: 3 Monate vor Kauf				V
AVENUE	I	I	I	

T technikbezogen   V verkaufsbezogen   I imagebezogen

Auswahl-Kontaktprogramm-Anlässe bei einer durchschnittlichen Haltedauer von 3,5 Jahren

KKP-Bausteine	1. Jahr	2. Jahr	3. Jahr	4. Jahr
Auswahl-Programm				
Sonderschau-Einladung Frühjahr		V	V	V
Sonderschau-Einladung Herbst	V	V	V	
Frühjahrs-Service		T	T	T
Winter-Service		T		
Weihnachtskarten, -briefe	I	I	I	I

T technikbezogen   V verkaufsbezogen   I imagebezogen

Quelle: Peugeot Talbot Deutschland GmbH

Abbildung 45: Die Kontaktanlässe des PTD-Kundenkontaktprogrammes 2000

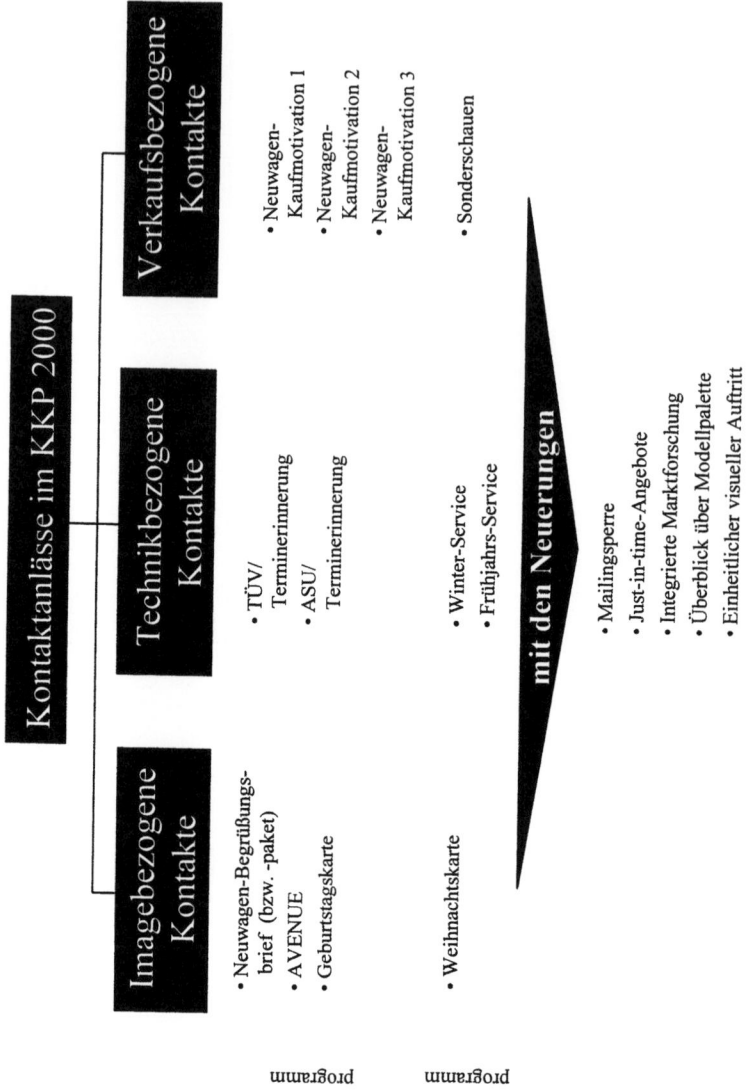

Quelle: Peugeot Talbot Deutschland GmbH

Ungefähr drei Monate später folgt die **zweite Neuwagen-Kaufmotivation**. Dieses Mailing konzentriert sich voll auf die Aspekte Leasing und Finanzierung. Außerdem kommen die Vorteile der Kaufabwicklung über die Peugeot-Bank zur Sprache (vgl. Abbildung 46).

Nach weiteren drei Monaten, zu einem Zeitpunkt, in dem der Kunde in der Regel bereits intensiv über ein neues Fahrzeug nachdenkt, wird ihm in der sogenannten **Neuwagen-Kaufmotivation III** unmißverständlich zu verstehen gegeben, daß die Zeit „reif" ist, um seinen gebrauchten Peugeot für einen Neuwagen in Zahlung zu geben. Dazu liegt diesem Mailing ein Antwortschein bei, der den Verkaufsschildern bei Gebrauchtwagen ähnelt. Hierauf soll der Kunde nun alle Informationen selbst eintragen und ihn daraufhin zu seinem Händler zurückschicken (vgl. Abbildung 47).

Zusätzlich zu den hier dargestellten Kontaktanlässen des Basis-KKPs laden im Rahmen des **Auswahl-KKPs** verschiedene Mailings zu Sonderschauen oder zum Frühjahrs- bzw. Winterservice ins Autohaus ein.

In das PTD-Kundenkontaktprogramm ist eine automatische **Mailing-Sperre** integriert, die verhindern soll, daß zwei thematisch ähnliche Aussendungen kurz hintereinander beim Kunden eintreffen, beispielsweise:

⇒ Erinnerung an TÜV-Termin aus dem Basis-KKP und
⇒ Einladung zum Frühjahrs-Service aus dem Auswahl-KKP.

Beim Eintritt eines solchen Falles wird dann automatisch der Aussendung im Rahmen des Basis-KKPs Priorität eingeräumt.

Die PTD-Vertragshändler erhalten monatlich eine **Kundenliste**, aus der für sie hervorgeht, welche ihrer Kunden vor kurzem mit welchem Mailing angeschrieben wurden. Außerdem stellt ihnen die Agentur alle drei Monate einen aktuellen Ausdruck ihrer Gesamtkundendatei zur Verfügung. So hat der einzelne Händler, auch wenn seine Kundendaten zentral gespeichert sind, immer einen Überblick über alle Kundenadressen.

4.6.3 Bewertung des PTD-Kundenkontaktprogrammes

In einem ständig stärker werdenden **Verdrängungswettbewerb** durch Konkurrenzmarken sieht die PTD-GmbH in ihrem KKP 2000 eine Chance zur Profilierung gegenüber ihren Mitbewerbern.

Über eine systematische Betreuung der bestehenden Kunden soll gewährleistet werden, daß der Peugeot-Kunde bei der Anschaffung eines Neufahrzeuges automatisch wieder an seinen Peugeot-Händler denkt.

Abbildung 46: Peugeot Neuwagen-Kaufmotivation II

AUTOHAUS 2000
PEUGEOT-Vertragshändler

Briefanschrift:
Postfach 9060
98765 Taufbeuren

Autohaus 2000, Sonstwostraße 109, 98764 Taufbeuren

Hausanschrift:
Sonstwostraße 109
98764 Taufbeuren
Telefon (09 87) 65 43
Telefax (09 87) 77 13

Herrn
Peter Sausewind
Theodor-Heuss-Str. 12

98764 Taufbeuren

<u>Die Gelegenheit ist günstig.</u>

Sehr geehrter Herr Sausewind,

"immer wenn's am schönsten ist...", könnte man hier sagen.
Denn kaum sind Sie mit Ihrem PKW richtig gut Freund geworden,
da sollen Sie sich schon wieder von ihm trennen. Warum? Ganz
einfach:

Ihr Fahrzeug hat ein Alter erreicht, in dem es zwar noch in der
Blütezeit seiner Jahre steht, der Zahn der Zeit langsam aber
sicher an ihm und seinen Bestandteilen nagt. Der Wertverlust
wird in den kommenden Jahren zunehmen und alte Liebe kann
dann teuer werden.

Sich neu zu verlieben ist viel günstiger. Und zwar durch die
gerade jetzt wirklich attraktiven Finanzierungs- und Leasing-
angebote der PEUGEOT BANK. Wenn Sie jetzt Ihren PKW für einen
"Neuen" in Zahlung geben, fahren Sie damit auf lange Sicht auf
jeden Fall besser. So viel ist sicher.

Und da wir Leasing und Finanzierung immer als eine sehr individuelle und persönliche Sache sehen, möchten wir mit Ihnen ganz
in Ruhe darüber reden. Werfen Sie auch ruhig schon einmal einen
Blick in die beigefügten Informationen und schicken Sie uns dann
den individuell auf Sie ausgestellten Kalkulationsscheck zurück.
Das verpflichtet Sie zu nichts. Die Gelegenheit ist günstig: Ihre
neue Liebe wartet schon auf Sie.

Mit freundlichen Grüßen
AUTOHAUS 2000

ppa. Horst Kleinemann
- Verkaufsleiter -

PS: Heia Safari! Und das eine Woche lang. Mitten in einem der
schönsten Tierparadiese der Welt. Nur die Antwortkarte
zurückschicken und Sie nehmen an der bundesweiten
Verlosung teil.

Quelle: Peugeot Talbot Deutschland GmbH

Abbildung 47: Peugeot Neuwagen-Kaufmotivation III

AUTOHAUS 2000
PEUGEOT-Vertragshändler

PEUGEOT

Briefanschrift:
Postfach 9060
98765 Taufbeuren

Autohaus 2000. Sonstwostraße 109. 98764 Taufbeuren

Hausanschrift:
Sonstwostraße 109
98764 Taufbeuren
Telefon (09 87) 65 43
Telefax (09 87) 77 13

Herrn
Peter Sausewind
Theodor-Heuss-Str. 12

98764 Taufbeuren

Die Zeit ist reif für ein attraktives Angebot.

Sehr geehrter Herr Sausewind,

wenn Sie Ihren jetzigen PKW, der Ihnen nun schon einige Jahre
treuer Begleiter auf allen Wegen war, einmal genau betrachten,
haben Sie vielleicht auch das Gefühl, daß er nicht mehr ganz
der Neue von damals ist.

Zeit für Sie, einmal zu überlegen, wie es weitergehen soll. Denn
gerade jetzt machen wir Ihnen gern ein attraktives Inzahlung-
nahme-Angebot, wenn Sie sich für einen neuen PEUGEOT
entscheiden.

Es geht ganz einfach: Sie bieten uns Ihren "Alten" zum Kauf an.
Das "Preisschild" dafür haben wir bereits für Sie vorbereitet.
Außerdem nennen Sie uns den PEUGEOT, den Sie demnächst
fahren möchten. Wir setzen uns umgehend mit Ihnen in Verbindung und unterbreiten Ihnen ein Angebot, wie Sie es später
nie mehr bekommen werden.

Denn mit den Jahren steigt bekanntlich der Verschleiß und der
Wertverlust. Die richtige Zeit also, jetzt die Weichen für die
Zukunft zu stellen, damit Sie auch dann ein aktuelles und
sparsames PEUGEOT-Modell fahren. Füllen Sie am besten noch
heute Ihren persönlichen Angebotsscheck aus - und sofort ab
damit in die Post!

Mit freundlichen Grüßen
AUTOHAUS 2000

ppa. Horst Kleinemann
- Verkaufsleiter -

PS: Gewinnen Sie kostbare "Zeit"- eine wertvolle Cartier
    Armbanduhr - bei der bundesweiten Verlosung. Schicken
    Sie gleich Ihr Preisschild ein.

Quelle: Peugeot Talbot Deutschland GmbH

In diesem Sinne wird Kundenbindung im Hause Peugeot Talbot Deutschland als **Basis zur Neukundengewinnung** verstanden: Neukunden sollen verlorengegangene Kunden nicht nur ersetzen, sondern den vorhandenen Kundenstamm kontinuierlich erhöhen.

Unternehmensinterne Untersuchungen haben gezeigt, daß sich seit der Einführung eines Kundenbindungsmanagements die **Markentreue** zu Peugeot erhöht hat. Auch ein Vergleich der Soll-Stückzahlen der Vertragshändler im Jahre 1992 hat interessante Resultate geliefert. Demnach kommen Händler, die am KKP teilnehmen, im Vergleich zu den übrigen Händlern ihren Vorgaben nachweislich näher.

Ein **Problem** besteht für PTD, wie für viele andere Hersteller und Importeure auch, zum einen in der Tatsache, das zweifellos vorhandene **Mißtrauen der Händler** bei der Weitergabe ihrer Kundendaten abzubauen, und zum anderen darin, die einzelnen Peugeot-Händler von der Wichtigkeit eines effizienten Kundenbindungsmanagements in Form einer systematischen Kundenbetreuung zu überzeugen.

So garantiert PTD seinen Vertragspartnern regelmäßig, daß weder die PTD-Zentrale noch andere Dritte Zugriff auf die für einen Händler gespeicherten Daten haben und nur er selbst die speichernde Stelle im Sinne des **Bundesdatenschutzgesetzes** bleibt. Dennoch kommt es immer wieder vor, daß neu gewonnene Kundendaten nicht weitergegeben werden, besonders dann, wenn sich mehrere PTD-Händler auf engem Raum konzentrieren.

Viele **Händler** sehen ihre Hauptaufgabe nach wie vor darin, (Neu-)Fahrzeuge zu verkaufen. Daß es für sie darüber hinaus äußerst wichtig ist, neu gewonnene Kunden während der Nutzungsdauer ihrer Fahrzeuge zu betreuen sowie alle relevanten Kundendaten zu erfassen und jegliche Änderungen zu registrieren, bedarf einer großen Überzeugungsarbeit seitens der Zentrale. Aus diesem Grund hat PTD mit dem „**Aktiv-Partner-Programm**" ein Instrument entwickelt, das die Vertragshändler dazu motivieren soll, konsequent am KKP teilzunehmen.

Die Autohäuser, die am Partner-Programm teilnehmen, erhalten von dem Serviceunternehmen wöchentlich 20 **Stammblätter** mit Adressen und Stammdaten von bereits bestehenden PTD-Kunden sowie von Interessenten. Aufgabe der Vertragshändler ist es nun, aktiv den direkten telefonischen Kontakt mit diesen Kunden bzw. Interessenten zu suchen.

Die Gesprächsergebnisse sind daraufhin in speziell hierfür entwickelte Stammblätter einzutragen und an die Agentur zurückzuschicken. Als **Belohnung** für erfolgreiche Kontaktaufnahmen erhält jeder Verkäufer spezielle Treueprämien sowie über die Dauer des zwölfwöchigen Aktionsprogrammes verteilt, eine exklusive Lederwaren-Kollektion. Das Programm wurde in einer Pilotphase getestet, die gezeigt hat, daß eine aktive Teilnahme die Verkaufserfolge deutlich gesteigert hat.

Gelingt es PTD auf diesem Wege, mehr Händler zur Teilnahme am KKP 2000 zu bewegen und somit einen flächendeckend einheitlichen Auftritt der Marke Peugeot sicherzustellen, dann wird das PTD-KKP mit exklusiven und auch sinnvoll aufeinander abgestimmten Mailings, eine gute Basis für den Aufbau eines sich markenloyal verhaltenden Kundenstammes bieten.

4.7 Kundenbindung auf der Basis von Clubkonzepten - dargestellt an den Beispielen des Volkswagen-Clubs und des Audi A plus-Programmes

4.7.1 Die Bedeutung der Unternehmen Volkswagen und Audi AG

Die beiden Automobilhersteller Volkswagen und Audi sind Gesellschaften im Rahmen des **Volkswagen-Konzerns**, zu dem auch die Unternehmen Seat und Skoda gehören.

In Deutschland, dem größten Automobilmarkt Europas, verkaufte der Konzern 1996 953.731 Fahrzeuge und erzielte damit einen Marktanteil von 27,2 %. Auf **Volkswagen** entfielen dabei allein 19,0 %, was einem Verkauf von 664.376 Fahrzeugen entspricht. Damit ist Volkswagen der unumstrittene Marktführer auf dem deutschen Automobilmarkt. Der Marktanteil von **Audi** beläuft sich auf 6,1 % bei 214.537 verkauften Fahrzeugen.

Der Volkswagen-Konzern erzielte 1996 in Deutschland einen **Umsatz** von 34,5 Mrd. DM. Davon wurden 44 % von Volkswagen und 15,3 % von Audi erwirtschaftet. Die beiden Unternehmen konnten sich damit im harten Verdrängungswettbewerb auf dem deutschen Automobilmarkt erfolgreich durchsetzen.

Eine abgestimmte **Produktpolitik**, verbunden mit einer differenzierten Preisstrategie, führte den Konzern auch 1996 näher an sein Ziel, wichtige Marktsegmente und Nischen erfolgreich zu besetzen. Langfristig gesehen gilt es, den Weg der Mehrmarkenstrategie mit dem Ziel der Ausschöpfung gegebener Marktpotentiale erfolgreich fortzusetzen. Eine Nutzung von **Synergieeffekten** nach innen ist dabei mit dem differenzierten Auftritt der einzelnen Marken vor dem Kunden verbunden (vgl. Volkswagen AG, 1996, S. 12ff., vgl. Audi AG, 1996, S. 6 ff., vgl. Kraftfahrtbundesamt, 1997).

4.7.2 Gründe für die Einführung des Volkswagen-Clubs und des Audi A plus-Programmes

Bis zum Jahre 1994 wurden Volkswagen- und Audifahrer auf ähnliche Art und Weise betreut, wie dies in den vorigen Kapiteln am Beispiel der Maßnahmen verschiedener Automobilhersteller und -importeure dargestellt wurde.

Im Rahmen eines KKPs erhielt der Kunde innerhalb von **vier Jahren** nach dem Kauf eines neuen Fahrzeuges insgesamt 17 verschiedene Aussendungen, bestehend aus fünf **Werbebriefen** mit Händlerabsender und zwölf Exemplaren der **Kundenzeitschrift** „Auto mobil". Diese Programme konnten jedoch die Ansprüche an eine moderne dialogorientierte Kundenkommunikation nicht mehr erfüllen.

In den letzten Jahren nahm die **Lebensdauer** der Automobile immer mehr zu, und die Abstände zwischen den **Inspektionen** konnten sukzessive ausgeweitet werden - an sich positive Entwicklungen für den Kunden, aber Wartung und Reparatur bedeuten für die Händler wichtige Stationen der Kundenpflege. Paradoxerweise nimmt die Kundentreue mit zunehmender Produktqualität ab, da Werkstätten und Service-Stationen nicht mehr so häufig wie noch vor Jahren aufgesucht werden müssen. Für die Markentreue entstehen somit Kontaktverluste, die an anderer Stelle wieder ausgeglichen werden müssen (vgl. Krüger, 1996, S. 59 f.).

Mit dem **VW-Club** und dem **Audi A plus-Programm** wurden zwei maßgeschneiderte Systeme mit einem jeweils eigenständigen Profil entwickelt, die über eine starke Kundenbindung an den Handelsbetrieb und an die Marke zu einer höheren Kundenzufriedenheit und Loyalitäts- bzw. Wiederkaufrate führen sollen.

Grundgedanke beider Programme ist es, über eine dialogorientierte Kundenansprache die Treue der Kunden zur Marke zu belohnen. Kennzeichnend ist das Angebot zahlreicher **Serviceleistungen** im Bereich der Unterhaltung und Information sowie das Sicherstellen einer sorglosen Mobilität des Kunden rund um die Uhr.

Für die Organisation und Durchführung der Programme wurde eigens zu diesem Zweck die **Kunden Club GmbH**, eine 100 prozentige Tochtergesellschaft des Volkswagen-Konzerns gegründet. Der Konzernstrategie separater Markenprofilierung entsprechend, gibt es für Volkswagen und Audi jeweils auch einen getrennten Auftritt.

⇒ Volkswagen spricht im Zusammenhang mit seinem Kundenbindungssystem von einem **Club** und dessen **Mitgliedern**, während

⇒ Audi A plus aufgrund anderer Bedürfnisstrukturen der Kunden als **Programm** mit entsprechenden **Teilnehmern** kommuniziert wird.

Im folgenden werden die Termini Club/Programm und Mitglieder/Teilnehmer der Einfachheit halber jedoch synonym verwendet.

Mit dem Volkswagen-Club wird primär das **Ziel der Loyalitätssteigerung** durch mehr Spaß, Vergnügen und einer größeren Mobilität verfolgt, wobei sich Loyalität in diesem Zusammenhang sowohl auf die Händler, als auch auf die Marke selbst bezieht.

Durch eine permanente Erfüllung des **Exklusivitätsanspruches** der Premiummarke Audi verfolgt Audi A plus als eher markenspezifisches Programm vor allem das Ziel einer stärkeren Markenloyalität.

4.7.3 Die Leistungen des Volkswagen-Clubs und des Audi A plus-Programmes

Moderne Kundenbetreuungsprogramme müssen interessante, hochwertige und vor allem attraktive Leistungspakete anbieten. Die Kunden Club GmbH entwickelte hierfür eine modular aufgebaute **Leistungspyramide**. Der Schlüssel zu sämtlichen Services ist die individuelle Mitglieds- bzw. Teilnahmekarte, die dem Kunden unmittelbar nach dessen Beitrittserklärung zugesandt wird. Durch die Zusammenarbeit mit der **Volkswagen Bank GmbH** ist es möglich, die Karte optional mit Kreditkartenfunktion (EUROCARD und/oder

Visa Card) ausstatten zu lassen und damit auch alle Vorzüge einer finanziellen Flexibilität zu nutzen, wie die Abbildung 48 zeigt. Zusätzlich besteht für den Kunden die Möglichkeit, seine Karte mit der Telekom-T-Card-Funktion ausrüsten zu lassen.

Das **Punktesystem** ist der nächste Baustein in der Angebotspyramide. Wer bei einem Partner der Kunden Club GmbH Originalteile und Zubehör kauft, erhält, gestaffelt nach der Höhe des jeweiligen Brutto-Rechnungsbetrags, entsprechende Treue- (bei VW) bzw. Pluspunkte (bei Audi) auf seinem persönlichen Punkte-Konto gutgeschrieben. Diese können dann angesammelt, der Gegenwert über die Kunden Club GmbH bar ausgezahlt oder für erworbene Leistungen beim Volkswagen/Audi-Partner eingelöst werden. Ein aktueller Punkte-Kontoauszug geht jedem Mitglied in regelmäßigen Abständen per Post zu (vgl. Abbildung 49).

In einem weiteren Schritt wurden **Kooperationen** mit renommierten Unternehmen abgeschlossen, durch die die Kunden Club GmbH in der Lage ist, interessante Zusatzleistungen anzubieten. Durch die Vereinbarungen mit

⇒ der Deutschen Bahn AG,
⇒ der Deutschen Telekom AG,
⇒ der Hapag-Lloyd Reisebüro GmbH und
⇒ dem Familienurlaubanbieter Eurocamp

erhalten Clubmitglieder und A plus-Teilnehmer bei Inanspruchnahme bestimmter Angebote dieser Kooperationspartner zusätzliche **Punktegutschriften** und können weitere Zusatzleistungen in Anspruch nehmen (vgl. Abbildung 50).

Mit diesen **Kooperationen** stellt die Kunden Club GmbH die dynamische Entwicklung der Kundenclub-Idee unter Beweis. Ausgewählt werden alle Kooperationspartner danach, wie gut die von ihnen angebotenen Dienstleistungen zur Kundenclub-Philosophie, also der Schaffung einer emotionalen Erlebniswelt, zur Markenpositionierung und zum Thema Mobilität passen.

Das **Club-Service-Center** vermittelt rund um die Uhr 365 Tage im Jahr die unterschiedlichsten Dienstleistungen.

Für die Mitglieder bedeutet das:

⇒ Tourenplanung
⇒ Lotsendienst
⇒ Stautelefon (durch Direktanschluß an die Nachrichten-Führungs-Zentrale der Polizei)
⇒ Not- und Pannendienst
⇒ Service-Telefon
⇒ Konzertkarten-Ticket-Service
⇒ Bestellannahme für Club-Shop-Angebote
⇒ Vermittlung von Urlaubsreisen

Abbildung 48: Mitgliedskarten des Volkswagen-Clubs und des Audi A plus-Programmes

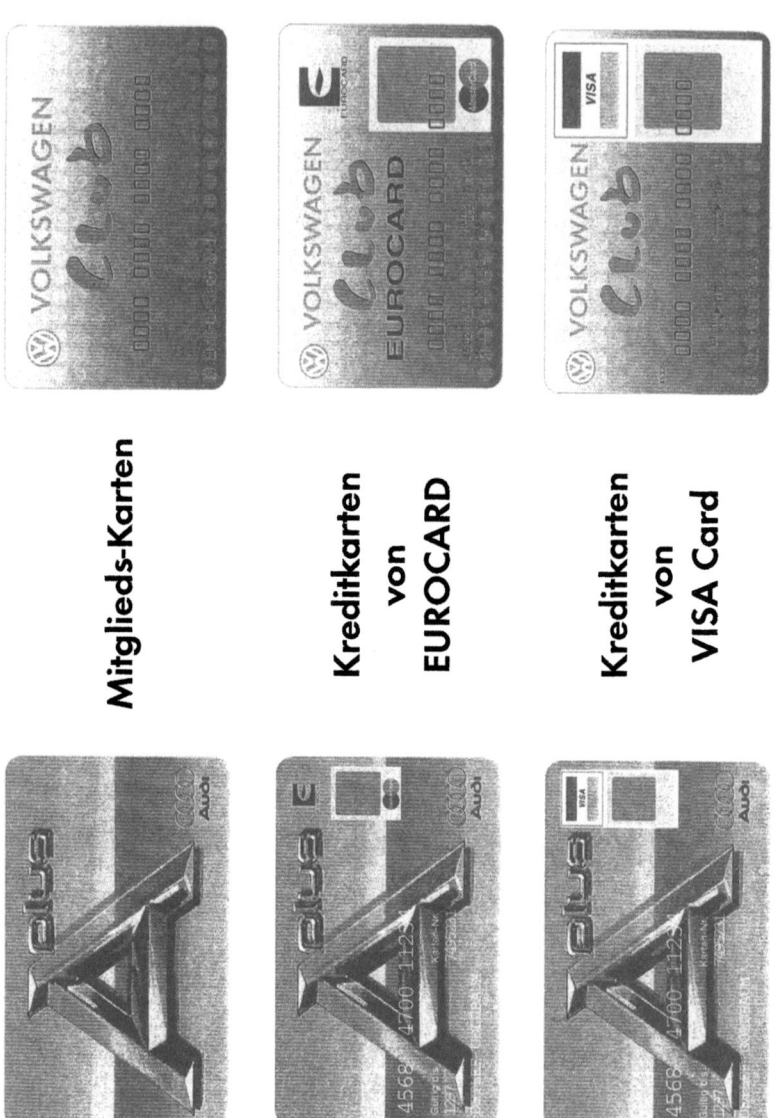

Quelle: BTM Trade Marketing GmbH, Folder im Rahmen der Händlerschulung für den
Volkswagen-Club und das Audi A plus-Programm

Abbildung 49: Mitglieds-/Teilnehmer-Kontoauszug des Volkswagen-Clubs und des Audi A plus-Programmes

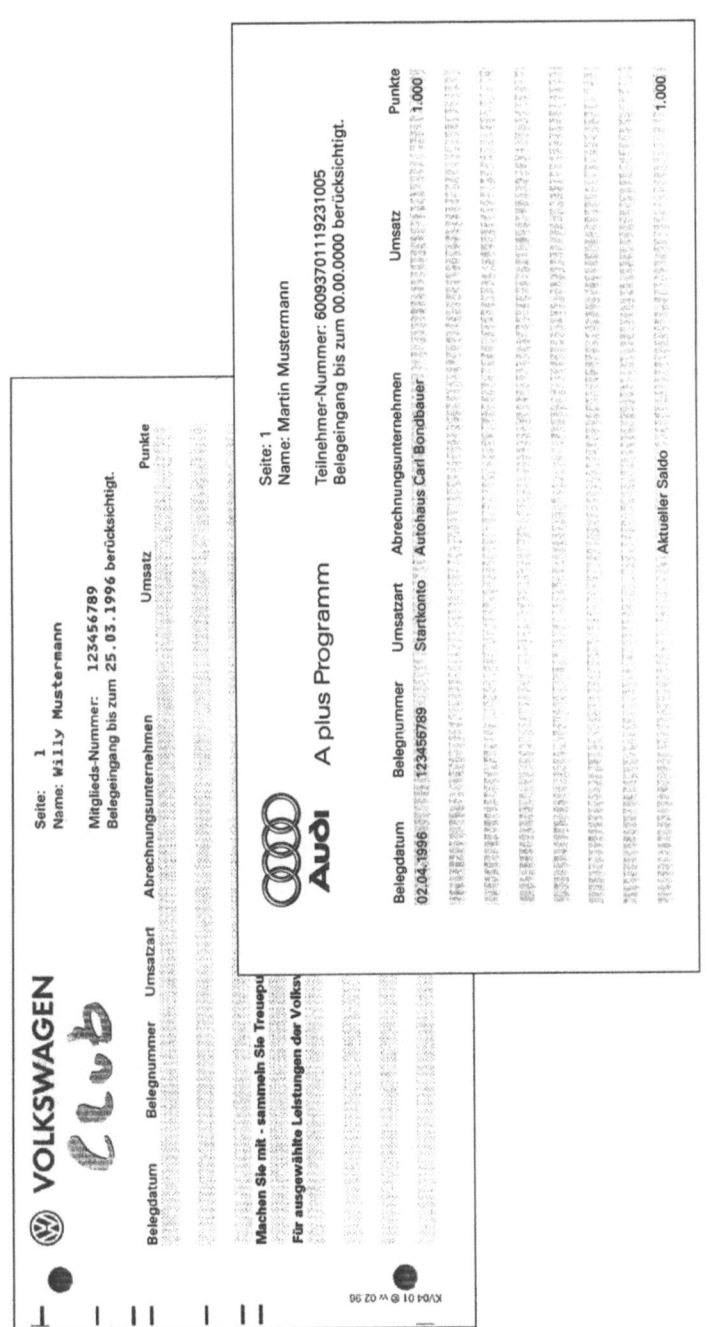

Quelle: BTM Trade Marketing GmbH, Folder im Rahmen der Händlerschulung für den Volkswagen-Club und das Audi A plus-Programm

Abbildung 50: Kooperationspartner des Volkswagen-Clubs und des Audi A plus-Programmes

Mehr Mobilität und Sorglosigkeit mit Kooperationspartnern

VOLKSWAGEN club Audi A plus

Hapag-Lloyd

Treue- und Pluspunkte von der Kunden Club GmbH auf Umsätze in einem der über 160 Hapag-Lloyd-Reisebüros.

Deutsche Telecom

Alle A plus- und Volkswagen Club-Karten sind auch als T-Card erhältlich.
- Damit wird bargeldloses Telefonieren weltweit möglich.
- Abrechnung der Telefongebühren wahlweise über vorhandenes Fernmeldekonto oder detaillierte Spezialrechnung.

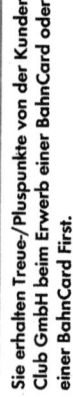

Deutsche Bahn

Sie erhalten Treue-/Pluspunkte von der Kunden Club GmbH beim Erwerb einer BahnCard oder einer BahnCard First.

Eurocamp

Eurocamp ist der Spezialist für Urlaub im Campingzelt für die ganze Familie.
- Über 150 ausgesuchte Campingplätze in 11 europäischen Ländern
- Luxuriöse Bungalow-Zelte fix und fertig aufgebaut
- Treuepunkte von der Kunden Club GmbH

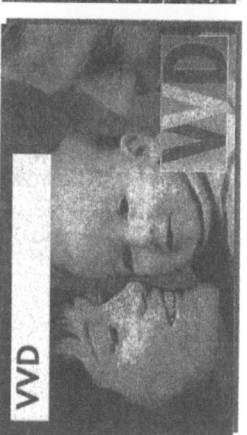

VVD

Der VVD bietet günstige Versicherungsbeiträge und exklusiven Service zum Thema Rechtsschutz.
- Treue-/Pluspunkte bei Abschluß einer Versicherungspolice von der Kunden Club GmbH

Quelle: BTM Trade Marketing GmbH, Folder im Rahmen der Händlerschulung für den Volkswagen-Club und das Audi A plus-Programm

Zusätzlich übernimmt das Servicecenter die Aufgaben der **Mitgliederbetreuung** und der **Datenbankpflege**. Dazu gehören allgemeine Informationen, Marken- bzw. Produktinformationen, Weiterleitung von Kundenanfragen, Bearbeitung von Beschwerden, Neuanlage von Mitgliedern, Stammdatenpflege, Versand von Prospekten, Betriebsanleitungen, Materialien der Öffentlichkeitsarbeit, Response-Bearbeitung von Mitgliedern oder Interessenten.

Als zentrale **Dialogmedien** werden regelmäßig das „Volkswagen Club-Magazin" bzw. das „Audi-Magazin" kostenlos an die Mitglieder verschickt.

Das **VW Club-Magazin** enthält Reportagen über Clubleistungen, Sportereignisse, Berichte über exklusive Reisen, Städteportraits, Freizeitprogramme und Veranstaltungstermine sowie Beiträge rund um das Automobil, Zubehörangebote, Autoneuheiten und Serviceleistungen der Club-Partnerbetriebe.

Analog hierzu dient das eher markenspezifische **Audi-Magazin** dazu, dem Teilnehmer am A plus-Programm einen emotionalen Einblick in die Welt von Audi zu ermöglichen.

Die Mitgliedschaft beim VW-Club bzw. die Teilnahme am Audi A plus-Programm ist **kostenlos**. Es handelt sich bei den beiden Systemen also um Formen des sogenannten offenen Kundenclubs.

Die **Kosten** für die beiden Programme übernimmt zu ca. zwei Drittel der Volkswagen-Konzern. Löst ein Club-Mitglied bzw. ein A plus-Teilnehmer bei einem Club-Partner seine gesammelten Treuepunkte ein, wird die vom Händler zu tragende Kostenpauschale direkt an eine zentrale Kasse abgeführt.

Im Gegenzug entfallen für den Handel natürlich die Kosten für das bisherige Kundenkontaktprogramm. Um eine finanzielle Übervorteilung oder Benachteiligung einzelner Betriebe zu vermeiden, wurde in die Programme ein **Punkteausgleich** integriert. Händler, bei denen mehr Punkte eingelöst wurden als sie selbst gewährt haben, zahlen einen entsprechenden Beitrag nach; umgekehrt erhalten Händler, die mehr Punkte gewährten als bei ihnen eingelöst wurden, einen entsprechenden Anteil zurückvergütet.

4.7.4 Bewertung des VW-Clubs und des Audi A plus-Programmes

Mit der Einführung des VW-Clubs und des Audi A plus-Programms trägt der Volkswagen-Konzern der **Marktsituation** in der Automobilindustrie Rechnung. Ein gutes Produkt und ein perfekter Service am Auto allein genügen heute nicht mehr. Gefordert sind **Services** rund um das Produkt Automobil, die ein Mehr an Bequemlichkeit, Spaß und Lebensfreude bieten.

Beide Programme bilden zudem einen integralen Bestandteil der Kommunikation des VW-Konzerns und ermöglichen einen **Dialog** zwischen Kunden, Handelspartnern und Herstellern.

Im Gegensatz zu den Kundenbindungsprogrammen anderer Automobilhersteller geht die **Initiative** bei den beiden genannten Programmen **vom Kunden** aus, das heißt er muß seine Mitgliedschaft bzw. seinen Beitritt zum VW-Club/A plus-Programm erklären.

VW und Audi nehmen dabei bewußt in Kauf, daß hierdurch eine automatische Betreuung aller Neuwagenkunden **nicht** möglich ist. Einerseits wird auf diese Weise die finanziell aufwendige Betreuung der von vornherein inaktiven und händler- bzw. markenilloyalen Kunden umgangen, andererseits stehen die beiden Programme auch Nicht-VW- oder Audi-Fahrern offen. Erzählt beispielsweise ein Club-Mitglied in seinem Freundes-, Bekannten- oder Kollegenkreis von den attraktiven Clubangeboten und -leistungen, können die beiden Programme über das Instrument der Mundpropaganda durchaus auch zur **Interessenten-findung** eingesetzt werden.

Zur Zeit werden ca. 260.000 VW-Club-Mitglieder und 100.000 Audi A plus-Teilnehmer von der Kunden Club GmbH betreut. Zum Vergleich: Die Zahl der jährlichen Neuzulassungen liegt im Falle VW bei ca. 600.000, bei Audi sind dies ca. 200.000.

Um diese Zahlen kontinuierlich zu erhöhen, werden von VW und Audi jeweils unterschiedliche Mittel und Methoden eingesetzt.

Über die sogenannte **Schnuppermitgliedschaft** versucht VW, Nichtmitglieder, die im Rahmen des früheren Kundenkontaktprogrammes betreut wurden bzw. die die Händler in ihrer Kundendatei führen, anzuschreiben und mit dem Angebot attraktiver Startleistungen (z. B. 500-Punkte Treuepunktegutschein) an den VW-Club heranzuführen. Der VW-Club hat zur Zeit ca. 870.000 Schnuppermitglieder.

Audi setzt dagegen vorrangig auf das Instrument einer intensiveren **Kommunikation** des A plus-Programmes und stellt den Vertragshändlern hierzu verstärkt Werbemittel (z. B. Thekendisplay, Schreibtischunterlagen, Fahrzeug-Innenspiegel-Anhänger) zur Verfügung. Zusätzlich stellt auch Audi neuen Teilnehmern ein „kostenloses" Startkapital von 1.000 Pluspunkten zur Verfügung.

Natürlich erforderte die Einführung dieser innovativen Programme eine gründliche **Vor-bereitungsphase**. Bereits Ende 1994 wurden daher die Volkswagen- und Audi-Vertriebs-partner in umfassenden Schulungsveranstaltungen und in zahlreichen Einzelgesprächen informiert. Dabei ist es gelungen, einen Großteil der Partner für eine Neuorientierung in der Kundenbetreuung zu begeistern. Knapp 80 % der Handelsbetriebe haben bisher die Vereinbarung mit der Kunden Club GmbH unterschrieben und bieten ihren Kunden damit Zugang zu den Clubangeboten.

In diesem Zusammenhang soll jedoch nicht verschwiegen werden, daß gerade in der Startphase der beiden Programme von einigen Handelspartnern **Bedenken** geäußert wurden. Wie alle einschneidenden Innovationen wurden auch der VW-Club und das Audi A plus-Programm zunächst kritisch aufgenommen. Es wurden Zweifel an der Durchführbarkeit von Programmen dieser Größenordnung laut. Viele Händler sahen zusätzlichen **Arbeitsaufwand** auf sich zukommen, insbesondere bei der Abwicklung der Belege im Rahmen des neuen Punktesystems, mit dem die Treue der Kunden zur Volkswagen/Audi-Vertriebsorganisation belohnt wird. Vor allem größere Händler mit eigenen Filialbetrieben wollen es bis heute noch nicht einsehen, warum sie ein Programm mitfinanzieren sollen, das der Hersteller verwaltet und das - ihrer Meinung nach - auch nur an die Marke und nicht an den einzelnen Händler bindet. „Warum kann nicht jeder Händler sein Treueprogramm haben, bei dem nur er Punkte vergibt und entgegennimmt?" (Plate, 1995, S. 42)

Allerdings muß aus rechtlichen Gründen ein selbständiger Dienstleister, in diesem Fall die Kunden Club GmbH, die Kundenguthaben treuhänderisch verwalten.

Zur Zeit wird bei der Kunden Club GmbH aufgrund dieser Bedenken über eine noch stärkere **Integration der Handelsbetriebe** beim Auftritt der beiden Programme vor den Kunden nachgedacht. Vorrangiges **Ziel** des VW-Konzerns muß es sicherlich sein, über konstruktive Verhandlungen, in denen die Anregungen und Kritikpunkte der Handelspartner besonders berücksichtigt werden, alle Volkswagen- und Audi-Händler zu Partnern der Kunden Club GmbH zu machen, um eine flächendeckende Betreuung aller Mitglieder/Teilnehmer zu gewährleisten.

Die beschriebenen Kundenbindungsprogramme stellen für den einzelnen Automobilhändler sicherlich eine große Arbeitserleichterung dar und helfen ihm, den Dialog mit seinen Kunden aufzubauen und zu pflegen.

Dennoch ist es für die Automobilhändler und deren Verkäufer von entscheidender Bedeutung, zusätzlich durch **eigeninitiierte Maßnahmen** und durch ein entsprechendes Verhalten und Aufreten dem Kunden gegenüber, einen (händler-) loyalen Kundenstamm aufzubauen.

4.8 Exkurs: Das Kundenbindungsprogramm von Harley-Davidson

4.8.1 Die Bedeutung und Philosophie von Harley-Davidson

Harley-Davidson ist seit Jahrzehnten ein Evergreen und steht für „Freiheit", „Ausbrechen aus dem Alltag", „Easy Rider" und den „American Way of Life". Auch Menschen, die noch nie in ihrem Leben Motorrad gefahren sind, geschweige denn auf einer Harley-Davidson gesessen haben, verbinden mit diesem Namen bestimmte **Assoziationen.** Harley-Davidson ist eine Marke, die mit Bildern, Stimmungen und Emotionen in Verbindung gebracht wird (vgl. Holland, 1996, S. 10 ff.).

Dies führt dazu, daß Harley-Davidson Motorräder in den **Medien** allgegenwärtig sind. Prominente lassen sich gern auf einer Harley ablichten; in vielen Kino- und Fernsehfilmen spielen sie eine dekorative Rolle. Die Maschinen werden genutzt in **Anzeigenmotiven** für Parfums, Zigaretten oder sogar Banken. Sie dienen als begehrenswerter **Hauptgewinn** bei zahlreichen Preisausschreiben.

Von dem **Image** profitieren auch andere Marken gern. So hat L´Oreal kürzlich eine Parfum-Serie unter dem Namen „Legendary Harley-Davidson" eingeführt, und es gibt Brillen, Kugelschreiber sowie viele weitere Produkte unter der **Lizenz** von Harley-Davidson.

Das Unternehmen erlebt zur Zeit in den USA und in vielen europäischen Ländern einen **Boom.** Obwohl in den letzten Jahren die Produktionskapazitäten ausgebaut wurden, ist üblicherweise am Anfang eines Jahres das Modelljahr bereits komplett per Auftragsliste an die Händler abgegeben.

Harley-Davidson wurde 1903 gegründet und ist damit der älteste heute noch existierende Motorradhersteller. Die **Tradition** spielt in der Produkt- und Kommunikationspolitik eine wichtige Rolle. Das Unternehmen verkauft sehr erfolgreich Modelle, die optisch an die fünfziger oder vierziger Jahre erinnern. Die Kunden lieben die traditionelle Optik der Bikes und schätzen die Modellkonstanz.

Die angebotenen **Modelle** liegen alle in der oberen Hubraumklasse zwischen 883 und 1340 ccm. Harley-Davidson hat seine **Preise** trotz der großen Nachfrage in den letzten Jahren nur sehr moderat gesteigert. Die Preise sind höher als die der Massenanbieter, weil die Motorräder nicht fertigungstechnisch optimiert werden, sondern sich entsprechend den Kundenwünschen durch eine große Fertigungstiefe und einen hohen Anteil an Handarbeit auszeichnen.

Harley-Davidson hat 1995 in Deutschland 5.776 Motorräder abgesetzt und damit einen **Marktanteil** von 3,2 % erreicht. Der Anteil im Segment über einem Hubraum von 750 ccm, auf den sich das Unternehmen beschränkt, beträgt 8,5 %. In den USA ist Harley-Davidson mit ca. 60 % dagegen Marktführer in der Klasse der schweren Motorräder über 850 ccm.

Neben den Motorrädern hat Harley-Davidson ein großes **Zubehörprogramm** und spricht damit auch Personen an, die sich kein Motorrad kaufen aber durch das Tragen eines entsprechenden T-Shirts oder einer Lederjacke an dem Image und Lifestyle teilhaben wollen.

Die Zubehörkataloge enthalten vor allem Bekleidung (Leder, Jeans, Pullover, T-Shirts, etc.) und Motorradzubehör (Chromteile, Taschen, Windschutzscheiben, etc.) zur Verschönerung des Bikes.

Das starke Firmenimage und die Enge der Kundenbeziehung, die von dem Unternehmen gefördert wird („**Close to the customer**"), zeigt sich schon darin, daß es wohl keine andere Motorrad- oder Automarke gibt, deren Fahrer sich den Markennamen auf den Körper tätowieren lassen.

Für Harley-Davidson ist es wichtig, die hohe **Identifikation** und das starke Involvement zwischen Kunde und Produkt zu pflegen, damit der Status eines Kult-Produktes aufrechterhalten werden kann, der sich in Äußerungen zeigt wie: „Wir verkaufen eine Philosophie, das Motorrad gibt es kostenlos dazu."

Vor allem die japanischen Motorradhersteller partizipieren an dem Mythos und **kopieren** die Optik von Harley-Davidson schamlos. In den USA wurde kürzlich auf Antrag von Harley-Davidson der typische Motoren-Sound unter Schutz gestellt.

4.8.2 Die Harley-Owners-Group

Die große **Heterogenität der Zielgruppentypen** erschwert eine einheitliche Kommunikationspolitik (vgl. Holland, 1995, S. 34 ff.). Die Fahrer einer Harley-Davidson reichen vom „rebellischen Rocker", wie er als Stereotyp das Image lange Zeit beeinflußte, über den Vielfahrer, der sein Motorrad intensiv für lange Touren nutzt, bis zum gutverdienenden Manager, Arzt oder Freiberufler (Rich Urban Bikers = Rubies).

In der Kommunikation von Harley-Davidson spielt das **Direktmarketing** eine herausragende Rolle. Unter dem Stichwort „close to the customer" wird der direkte Kundenkontakt gesucht. Heute nimmt das Top-Management regelmäßig an Treffen von Harley-Fahren teil und sucht das **Gespräch mit den Kunden**. Willie G. Davidson, ein Enkel des Firmengründers und im Management für das Design zuständig, ist als eine Art „Kultfigur" auf allen größeren Harley-Treffen weltweit anzutreffen, wo er die Stimmung und die Wünsche seiner Kunden hautnah erlebt, Hände schüttelt und Autogramme gibt.

Die große Identifikation wird durch ein Kundenkontaktprogramm in Form eines Kundenclubs - die **Harley Owners Group** - gefördert.

Im Kaufpreis für eine neue Harley-Davidson ist der **Mitgliedsbeitrag** für ein Jahr in der größten herstellerunterstützten Motoradorganisation der Welt, der „Harley Owners Group" (kurz H.O.G.), enthalten, die 1983 gegründet wurde. Nach Ablauf des Jahres kann die Mitgliedschaft gegen Zahlung von DM 100 um jeweils ein weiteres Jahr verlängert werden.

H.O.G. hat derzeit weltweit über 370.000 Mitglieder, in Deutschland sind es ca. 10.500.

Als **Welcome Package** erhält jedes neue Mitglied:

⇒ eine Mitgliedskarte in einem Folder (siehe Abbildung 51)
⇒ einen gestickten Aufnäher
⇒ eine Anstecknadel und
⇒ das Touring-Handbuch.

Im Abstand von zwei Monaten werden regelmäßig spezielle **Clubzeitschriften** mit Informationen und Einladungen zu Treffen und gemeinsamen Fahrten verschickt (vgl. Abbildung 52):

⇒ **Hog Tales**, eine zweimonatlich erscheinende Zeitschrift als offizielles Organ der Harley Owners Group aus den USA
⇒ **The Enthusiast**, eine vierteljährlich seit 1916 erscheinende Zeitschrift aus den USA
⇒ **National Newsletter**, eine nationale Zeitschrift, die ca. 3 bis 4 mal jährlich erscheint

Die Mitgliedschaft bietet neben weiteren **Vorteilen** (z. B. die Möglichkeit, weltweit Harley-Davidson Motorräder zu mieten) die Teilnahme an H.O.G. Ausfahrten und Veranstaltungen. Stärker als andere Motorradhersteller berücksichtigt man die Zielgruppe der **Frauen** mit dem „Ladies of Harley"-Programm.

Nach dem Ablauf der Mitgliedschaft wird ein Mailing versandt, in dem für eine **Verlängerung** der Mitgliedschaft geworben wird.

Jeder Käufer eines neuen Motorrades bekommt nach 18 Monaten einen sehr ausführlichen vierseitigen Fragebogen, in dem er nach der **Kundenzufriedenheit** mit der Maschine und dem Service seines Händlers befragt wird (vgl. Abbildung 53).

Ziel der Harley Owners Group ist es, dem Motorradfahrer dieser Marke das **gemeinsame Erleben** des „Harley-Mythos" und des „Harley-Fahrens" zu ermöglichen. Zusätzlich wird angeboten, Mitglied in einem **lokalen Chapter** zu werden, das jeweils von einem Vertragshändler unterstützt und gesponsert wird. In Deutschland existieren ca. 40 dieser lokalen Chapter, die regelmäßige Treffen und gemeinsame Ausfahrten veranstalten.

Die Kundenclubs sind **nicht primär kommerziell** orientiert, sie regen jedoch den Fahrer dazu an, sein Motorrad zu nutzen oder mit in großer Auswahl angebotenem Zubehör auszustatten. Wohl keine andere Motorradmarke wird von den Fahrern so umgebaut und individualisiert („Customizing"), keine Harley sieht aus wie die andere.

Die Harley Owners Group einschließlich ihrer Chapter haben nichts mehr mit dem wilden Rocker-Image früherer Jahre zu tun, sondern sie sehen sich laut den Statuten als „familienorientierte Organisation" und stellen das **soziale Engagement** heraus. So finden regelmäßig „Toy Runs" statt, bei denen Geld und Spielzeug beispielsweise für Waisenhäuser gesammelt werden. Bisher konnten in den USA ca. 16 Millionen Dollar für die Muscular Distrophy Association (MDA) gespendet werden, in Deutschland wird das Pendant zu MDA, die Deutsche Gesellschaft für Muskelkranke (DGM), unterstützt.

Abbildung 51: Neukundenbegrüßung der Harley Owners Group

WILLKOMMEN. SIE SIND GERADE EIN TEIL DER AMERIKANISCHEN GESCHICHTE GEWORDEN

Und, was ist das für ein Gefühl auf der neuen Harley-Davidson®? Dieses Prickeln, wenn man zum ersten Mal auf den Anlasser drückt und das sonore Blubbern hört. Was braucht man mehr — das ist Leben pur... Mit dem neuen Motorrad lebt in Ihnen eine Legende weiter, die im Jahre 1903 begann. William S. Harley, Walter, Arthur und William A. Davidson bauten ihr erstes Motorrad.

Beigefügt erhalten Sie Ihre persönliche Garantiekarte (Owner-Warranty Registration Card), die Sie als Besitzer einer Harley-Davidson ausweist und Ihnen eine einjährige Garantie auf Teile und Arbeitszeit ohne Kilometerbegrenzung gewährt. Tragen Sie die Karte immer bei sich und legen Sie sie dem Harley-Davidson Vertragshändler bei der Inspektion Ihres Motorrades vor.

Ihre Harley-Davidson ist ein amerikanisches Original. Statten Sie es nur mit Harley-Davidson Original-Teilen aus und lassen Sie es nur von einem Harley-Davidson Vertragshändler und seinen werksgeschulten Technikern warten. Außerdem bietet er Ihnen auch umfangreiches Harley-Davidson Zubehör, Service, modische Kleidung, nützliche und schöne Accessoires.

Wir danken Ihnen für den Kauf einer Harley-Davidson — Sie haben die richtige Entscheidung getroffen! Viel Spaß und fahren Sie vorsichtig.

Through and Through

Quelle: Harley-Davidson GmbH

111

Abbildung 52: Clubzeitschriften der Harley Owners Group

Quelle: Harley-Davidson GmbH

Abbildung 53: Motorrad-Neukäuferbefragung (erste Seite)

MOTORRAD-NEUKÄUFERBEFRAGUNG

Sie haben vor etwa 18 Monaten eine neue Harley-Davidson erworben. Um unseren Service und unsere Produkte in Ihrem Sinne zu verbessern, sind wir sehr an Ihren Erfahrungen mit diesem Motorrad interessiert. Bitte beziehen Sie Ihre Antworten nur auf diese eine Maschine.

1. Wieviele Kilometer sind Sie mit Ihrer neuen Harley-Davidson, die Sie vor 18 Monaten gekauft haben, bisher gefahren? (*Bitte geben Sie eine Zahl an, keinen Bereich*) _____ Kilometer

2. Wurden an Ihrer Harley-Davidson irgendwelche Reparaturarbeiten oder Inspektionen durchgeführt, seit Sie sie gekauft haben?
   1 ☐ Ja (*Bitte weiter mit Frage 3*)   2 ☐ Nein (*Bitte weiter mit Frage 7*)

3. Suchen Sie gewöhnlich wegen solcher Arbeiten an Ihrer Harley-Davidson den Händler auf, bei dem Sie das Motorrad gekauft haben?
   1 ☐ Ja (*Bitte weiter mit Frage 4*)   2 ☐ Nein (*Bitte weiter mit Frage 3a*)

3a. Wenn Sie in Frage 3 "Nein" angekreuzt haben: Nennen Sie uns bitte Name und Adresse des Händlers, zu dem Sie Ihre Harley-Davidson normalerweise zu Reparaturen oder Inspektionen bringen.

   Name des Händlers: _____   Adresse (*Angabe der Stadt genügt*): _____

3b. Wenn Sie in Frage 3 "Nein" angekreuzt haben: Geben Sie bitte mittels der unten aufgeführten Punkte die Gründe an, warum Sie Ihre Harley-Davidson zu einem anderen Händler bringen.
   (*Mehere Angaben möglich*)

   1 ☐ Händler liegt für mich günstiger   2 ☐ Bessere Verfügbarkeit von Ersatz- und Zubehörteilen
   3 ☐ Niedrigere Inspektionskosten   4 ☐ Zugesagte Termine werden eingehalten
   5 ☐ Leichter, einen Werkstattermin zu bekommen   6 ☐ Händler besser qualifiziert für bestimmte Arbeiten
   7 ☐ Arbeit ist qualitativ besser   8 ☐ Günstigere Preise für Ersatz- und Zubehörteile
   9 ☐ Personal ist besser motiviert/freundlicher   A ☐ Werkstattpersonal besser ausgebildet
   B ☐ Günstigere Öffnungszeiten   C ☐ Besserer Ruf
   D ☐ Inspektionen gehen schneller   E ☐ Leihmotorrad steht zur Verfügung
   F ☐ Sonstige Gründe (*bitte nennen*) _____

4. Bitte beurteilen Sie den Händler, den Sie für gewöhnlich aufsuchen, anhand der folgenden Kriterien.
   (*Name aus Frage 3a, wenn nicht der Händler, bei dem Sie das Motorrad gekauft haben. Bitte für jede Aussage nur ein Kästchen ankreuzen.*)

	Sehr gut	eher gut	eher schlecht	sehr schlecht
Einstellung gegenüber Garantiereparaturen	1 ☐	2 ☐	3 ☐	4 ☐
Qualität der Garantiereparaturen	1 ☐	2 ☐	3 ☐	4 ☐
Gesamteindruck des Kundendienst-/Werkstattpersonals	1 ☐	2 ☐	3 ☐	4 ☐
Möglichkeit, einen Termin für Inspektionen/Reparaturen zu bekommen	1 ☐	2 ☐	3 ☐	4 ☐
Inspektion/Reparatur innerhalb der zugesagten Zeit durchgeführt	1 ☐	2 ☐	3 ☐	4 ☐
Inspektion/Reparatur innerhalb einer angemessenen Zeit durchgeführt	1 ☐	2 ☐	3 ☐	4 ☐
Höflichkeit des Werkstattpersonals	1 ☐	2 ☐	3 ☐	4 ☐
Kenntnisse und Fähigkeiten des Werkstattpersonals	1 ☐	2 ☐	3 ☐	4 ☐
Qualität der durchgeführten Arbeiten	1 ☐	2 ☐	3 ☐	4 ☐
Sauberkeit des Fahrzeuges nach Werkstattaufenthalt	1 ☐	2 ☐	3 ☐	4 ☐
Fähigkeit, Probleme im ersten Anlauf zu lösen	1 ☐	2 ☐	3 ☐	4 ☐
Öffnungszeiten	1 ☐	2 ☐	3 ☐	4 ☐
Benötigte Ersatz-/Zubehörteile am Lager	1 ☐	2 ☐	3 ☐	4 ☐
Angemessene Preise für durchgeführte Arbeiten	1 ☐	2 ☐	3 ☐	4 ☐
Angemessene Ersatzteilpreise	1 ☐	2 ☐	3 ☐	4 ☐
Sauberkeit und Erscheinungsbild des Geschäftes insgesamt	1 ☐	2 ☐	3 ☐	4 ☐
Höflichkeit des Ersatzteil- und Zubehörverkäufers	1 ☐	2 ☐	3 ☐	4 ☐
Kenntnisse und Fähigkeiten des Ersatzteil- und Zubehörverkäufers	1 ☐	2 ☐	3 ☐	4 ☐
Sauberkeit und Erscheinungsbild des Lagers	1 ☐	2 ☐	3 ☐	4 ☐
Erklärung der durchgeführten Arbeiten und der benötigten Teile	1 ☐	2 ☐	3 ☐	4 ☐

18 Monate   1

GEY

Quelle: Harley-Davidson GmbH

113

5 Kundenbindungsprogramme im After-Sales-Marketing der Vertragshändler

5.1 Der Zeitraum zwischen Vertragsunterzeichnung und Neuwagenauslieferung

5.1.1 Verhalten direkt nach der Vertragsunterzeichnung

Hat sich der Kunde, nach Tagen, Wochen oder gar Monaten der Entscheidungsfindung, für den Kauf eines neuen Fahrzeuges entschieden, befindet er sich in einer Situation, in der er eine sehr intensive Einstellung zum Produkt erlebt und sich eingehend mit dem gerade Erworbenen auseinandersetzt. In diesem Moment - also direkt nach der Vertragsunterzeichnung - ist er offen und begierig für jede **zusätzliche Information**, die ihm seine Kaufentscheidung als richtig unterstreicht und ihm die volle Nutzung und damit Freude am neuen Fahrzeug ermöglicht.

In dieser Situation geht es für den Automobilhändler darum, alles zu tun, damit zwischen der beim Käufer aufgebauten Erwartung im Hinblick auf das neue Produkt einerseits und dem tatsächlichen Erleben von Produkt und allen Begleiterscheinungen andererseits keine **Dissonanzen** entstehen (vgl. Disch, 1990, S. 590).

Wenn der Verkäufer gleich nach erfolgter Vertragsunterzeichnung von Lieferzeit, Zahlungsmodalitäten oder ähnlichen Dingen spricht, zerstört er beim Kunden dessen **positive Empfindungen** und löst bei ihm ein unangenehmes Gefühl aus, das ihn nicht selten zu einer ersten Kaufreue veranlaßt. Sinnvoller ist es, in diesem Moment die Gefühle des Kunden anzusprechen und ihm zum Kauf des neuen Fahrzeuges zu gratulieren. Mit diesem persönlichen Glückwunsch, der individuell auf den Kunden abgezielt sein sollte, läßt sich durchaus eine Verstärkung des soeben getätigten Kaufes verbinden.

Im weiteren Gespräch sollten dem Kunden die **nächsten Handlungsschritte** transparent gemacht werden, also der Termin, zu dem sich der Verkäufer nochmals melden wird und wann das neue Auto zu erwarten ist. Dies ist um so wichtiger, je länger die vor dem Kunden liegende Wartezeit bis zur Lieferung ist.

Insgesamt soll der Kunde nach Vertragsunterzeichnung den Eindruck gewinnen, daß das Verhalten des Verkäufers konstant bleibt, also gleichbleibend **vor und nach** dem Kauf, denn bereits durch die Bestätigung des soeben erst getroffenen Kaufentscheides werden die Basis und die Voraussetzung für den nächsten Kauf geschaffen.

5.1.2 Kontaktmöglichkeiten zur Überbrückung von Lieferzeiten

Die Wartezeit auf die Auslieferung des Fahrzeuges hat grundsätzlich eine qualitative und eine quantitative Komponente. Einerseits muß versucht werden, den Kunden möglichst wenig warten zu lassen (**quantitatives** Problem), andererseits muß die oftmals nicht vermeidbare Warte- oder Lieferzeit so abwechslungsreich und interessant wie möglich gestaltet werden (**qualitatives** Problem) (vgl. Sieg, 1994, S. 36).

Je länger die Lieferzeit für ein neues Fahrzeug ist, um so notwendiger ist die **Kontaktaufnahme**, sei es in brieflicher oder telefonischer Form.

Den wichtigsten Kontaktanlaß stellt in diesem Zusammenhang das Versenden der Auftragsbestätigung dar, eine Maßnahme, zu der der Händler sogar gesetzlich verpflichtet ist. Aufgrund der bereits angesprochenen Erkenntnis, daß Kunden im Anschluß an den Kauf nach einer positiven **Verstärkung** ihrer Entscheidung suchen, sollte zusammen mit der Auftragsbestätigung, die vielleicht vom Geschäftsführer persönlich unterzeichnet worden ist, auch möglichst viel „Bestätigungsmaterial" übersandt werden.

Dies kann im einfachsten Fall ein Prospekt sein, besser aber ein neutraler Fahrbericht des gekauften Typs aus einer Automobilzeitung. Oder der Kunde erhält bereits vorab das neueste Exemplar der Kundenzeitschrift des Herstellers, die ihm dann später im Rahmen des Kundenkontaktprogrammes regelmäßig zugesandt wird. Denkbar ist auch, dem Kunden kleine Präsente, wie etwa eine Anstecknadel des Herstellers, einen Schlüsselanhänger oder ein kleines Modellfahrzeug zukommen zu lassen. All dies schafft für den Neukunden eine **positive Vorfreude** auf dem Weg zur Fahrzeugauslieferung.

Opel hat die langen Lieferzeiten in der Einführungsphase des Modells Calibra durch Mailings überbrückt, die dem Käufer zunächst einen vorläufigen Kfz-Schein und später eine Bedienungsanleitung überbrachten (vgl. Abbildung 54). Hierdurch konnte die Kaufentscheidung positiv verstärkt und kognitiven Dissonanzen entgegengewirkt werden. Der Käufer hatte so bereits Informationsmaterial, das er seinen Bekannten zeigen konnte; die Mundwerbung wurde unterstützt.

Ob bereits zu diesem Zeitpunkt das Übersenden von aktuellen **Zubehörangeboten** sinnvoll erscheint, kann bezweifelt werden. Hierbei besteht sicherlich die Gefahr, daß der Kunde dies als den Versuch eines aufdringlichen Zusatzgeschäftes entlarvt.

Es ist durchaus ratsam, den sachlichen **Informationsteil** der Neuwagenauslieferung vorzuziehen, das heißt dem Kunden Informationen über Bedienung und Handhabung des Fahrzeuges vor dem eigentlichen Auslieferungstermin zu geben.

Zum einen hat der Kunde jetzt mehr Zeit, sich mit seinem neuen Wagen bereits vorab zu beschäftigen und zum anderen ist die Bereitschaft zur **Informationsaufnahme** beim Kunden nun größer als zu irgendeinem späteren Zeitpunkt. Er wird sich also mit hoher Wahrscheinlichkeit wirklich mit der Anleitung vertraut machen und nicht erst, wie es häufig der Fall ist, hineinsehen, wenn tatsächlich Probleme auftreten.

Abbildung 54: Mailing Opel Calibra

Autohaus Muster
Opel-Vertragshändler

Autohaus Muster · Postfach 4 20 · 4250 Bottrop

Herrn Max Muster
Mustergasse 22

2222 Musterstadt 22

Datum

Sehr geehrter Herr Muster,

wer sich - wie Sie - als Calibra Kunde unseres Autohauses auf die ersten eigenen Kilometer
in seinem Sportcoupé freut, muß immer damit rechnen, daß andere an dieser Freude schon
jetzt teilhaben möchten. Denn schließlich ist der Calibra in aller Munde.

Auch Sie werden bestimmt erleben - wie viele andere Calibra Kunden auch - daß Sie aus
Ihrem Freundes-, Kollegen- und Bekanntenkreis auf dieses faszinierend schöne Sportcoupé
angesprochen und zum Teil intensiv befragt werden. Dafür haben Sie von uns in Zukunft zwei
ideale Antworten parat:

1. Für Ihre Brieftasche den **Modellpaß** für Ihren Calibra - so wie Sie ihn bei uns bestellt
haben - zu Ihrer persönlichen Verfügung. Die wichtigsten Daten - so wie in der späteren
Zulassung - tragen Sie damit immer bei sich.

2. Für jemanden, dem Sie eine besondere Freude bereiten wollen, unser Angebot für eine
Testfahrt mit dem Calibra. Damit Sie weniger beschreiben müssen, und Ihr Bekannter,
Freund oder Kollege selbst die Qualitäten des Calibra "erfahren" kann.

Sie brauchen den beiliegenden Prospekt mit der Antwortkarte nur zu übergeben, alles andere
ist bei uns in besten Händen. Und sollte es Fragen geben, die Sie selbst (noch) nicht beantworten können, so stehen wir Ihnen und Ihrem Bekanntenkreis auch hierzu gern zur Verfügung. Denn wir sind nicht nur für Ihren Calibra da, sondern auch für seine Fahrerinnen und
Fahrer.

Mit freundlichen Grüßen

Name Muster

(Name, Titel)

Hausanschrift   Fernruf   Postgiro Essen   Banken in Bottrop
Kirchhellener Str. 193 (0 21 42) 3 30 11/ 12   (BLZ 360 100 43)   Stadtsparkasse (BLZ 424 512 20) 7 088
4250 Bottrop   Fernschreiber 8 579 433   169 54-437   Deutsche Bank AG (BLZ 420 700 62) 386-1135

OPEL
EUROSERVICE

Quelle: Opel

Auf diese Weise kann auch die Rate der **Reklamationen**, die auf Fehlbedienung zurückzuführen sind, reduziert werden. Außerdem wird dadurch Zeit bei der späteren Auslieferung gespart, bei der sich der Verkaufsberater dann ganz auf die wesentlichen Punkte und auf Fragen des Kunden konzentrieren kann.

Der **telefonische Kontakt** ist zumeist auf den Anruf bezüglich der Vorbereitung der Fahrzeugauslieferung und der Terminvereinbarung zur Auslieferung beschränkt. Jedoch können auch hier die ersten positiven Schritte auf dem Weg zu einer erfolgreichen Kundenbetreuung gemacht werden, so beispielsweise wenn dem Kunden angeboten wird, die zur Anmeldung beim Straßenverkehrsamt notwendigen Unterlagen bei ihm abzuholen.

5.2 Die Neuwagenauslieferung

5.2.1 Die Situation der Fahrzeugübergabe

Prinzipiell taucht bei der Fahrzeugübergabe folgende **Schwierigkeit** auf:

Einerseits muß das sachliche Ziel der **Vertragserfüllung** verfolgt werden, also die Abwicklung der Formalitäten (Auslieferung und Bezahlung). Der Kunde soll möglichst vollständig über das Fahrzeug **informiert** werden. Er soll Bedienungsfehler vermeiden lernen, darüber hinaus sollte die Auslieferung dazu genutzt werden, einen Übergang zum Kundendienst zu schaffen.

Andererseits ist die Fahrzeugübergabe für den Kunden ein **besonderes Ereignis** und bildet damit einen positiven Abschluß der Vertragsvereinbarung. Die Situation ist für ihn aufregend, zumindest aber ist er emotional „geladen".

Beide Aspekte beeinträchtigen sich in gewisser Weise gegenseitig: Die Abwicklung der **Formalitäten** kann die positive Stimmung zerstören, die **emotionale Ladung** und Aufregung andererseits können die Aufnahmebereitschaft des Kunden in Bezug auf die Bedienungseinweisung vermindern. Es bedarf sicherlich eines gewissen Maßes an Einfühlungsvermögen sowie Aufmerksamkeit und Interesse des Verkäufers in dieser Kundenkontaktphase.

Jede Neuwagenauslieferung kann somit nicht nur den Vertrag sinnvoll abschließen, sondern auch den Kunden positiv auf die Zukunft, also auf seinen nächsten Besuch im Autohaus und indirekt auf **weitere Käufe** einstimmen.

5.2.2 Die Situation der Fahrzeugauslieferung

Die Fahrzeugauslieferung läßt sich in drei typische **Phasen** einteilen (vgl. Sieg, 1994, S. 47):

⇒ Vorbereitung der Fahrzeugauslieferung
⇒ Übergabe des Fahrzeuges
⇒ Nachbereitung der Fahrzeugauslieferung.

Die Vorbereitung

Zu Beginn steht die **Information** des Herstellers bzw. Importeurs darüber, wann der Wagen beim Autohändler eintreffen wird, wenn dieser das bestellte Fahrzeug nicht auf Lager hat und daher nicht kurzfristig ausliefern kann.

Zur Selbstverständlichkeit für jedes Autohaus sollte die genauestens ausgeführte **Übergabeinspektion** gehören. Noch so kleine Mängel, die der Kunde auf dem Heimweg oder in den Folgetagen entdeckt, bleiben ihm lange in Erinnerung und wecken große Zweifel an der Richtigkeit der Kaufentscheidung.

Der **Termin** zur Auslieferung sollte genauestens gewählt werden. Zur positiven Gestaltung des Vertragsabschlußes sollte sich der Händler Zeit nehmen; 50 bis 60 Minuten sollte die zeitliche Obergrenze für eine Neuwagenauslieferung sein. Es gilt, diese Zeit einzuplanen und dafür zu sorgen, daß nicht mehrere Auslieferungstermine kurz hintereinander liegen. Insgesamt sollte eine Fahrzeugauslieferung den gleichen Stellenwert wie ein Verkaufsgespräch einnehmen.

Die zur Auslieferung notwendigen **Unterlagen** sollten vorbereitet und nicht erst bei der Übergabe gesucht werden.

Um den Kunden nicht gleich bei seiner ersten Fahrt zu verstimmen, ist es ratsam, den Wagen zur Auslieferung **vollzutanken**. Die Kosten dafür können im Preis für Überführung und Anmeldung einkalkuliert werden und stellen somit für das Autohaus keinen zusätzlichen Kostenfaktor dar.

Die Übergabe

Anstatt die Fahrzeugauslieferung gleich mit der Abwicklung der Formalitäten beginnen zu lassen, ist es psychologisch ratsam, zu Anfang der Auslieferung einen kleinen **Höhepunkt** zu schaffen. Wird dem Neukunden beispielsweise, nachdem er freundlich begrüßt wurde, sofort sein Fahrzeugschlüssel überreicht, gibt man ihm mit dieser symbolischen Handlung die Möglichkeit, schon jetzt Besitz von seinem neuen Fahrzeug nehmen zu können.

Natürlich sind die Bezahlung und die Übergabe der Papiere ebenfalls Bestandteil der Vertragserfüllung und gehören somit auch zur Auslieferung. Zu diesem Zweck kann der Kunde jedoch vom **Verkäufer** begleitet werden. Dadurch wird verhindert, daß der Kunde z. B. in der Buchhaltung allein einem Mitarbeiter gegenübertreten muß, der es nicht gewohnt ist, in direkten Kundenkontakt zu treten.

Den eigentlichen Höhepunkt jeder Neuwagenauslieferung bildet die **Fahrzeugübergabe**. Der Wagen sollte gut sichtbar geparkt sein und nicht inmitten von Unfall- oder Reparaturfahrzeugen stehen.

Je nach persönlicher Situation des Kunden ist es empfehlenswert, die **Fahrzeugeinweisung** mehr oder minder detailliert vorzunehmen. Besonders hilfreich ist es, wenn dem Kunden die Bedienungsanleitung bereits vorab übersandt wurde und er sich so schon intensiv mit dem Fahrzeug beschäftigen konnte. In der Phase der Fahrzeugeinweisung sollte dem Kunden eine größtmögliche **Entscheidungsfreiheit** gelassen werden. Dies bedeutet auch, den Kunden zu fragen, wie ausführlich er die Bedienungselemente des Wagens erklärt haben möchte. Somit wird einem späteren Unbehagen des Kunden begegnet, das sich aus einer zu kurzen oder einer zu langwierigen Fahrzeugübergabe ergeben kann.

Der Kunde sollte auf keinen Fall mit zu vielen technischen Informationen überfrachtet werden, um ihn keiner **Reizüberflutung** auszusetzen. Sinnvoll ist es auch, den Kunden möglichst viel selbst tun zu lassen, damit dieser sich so die notwendigen Handgriffe am besten aneignen kann.

Eine Möglichkeit zur intensiven Bedienungseinweisung bietet die gemeinsame **Kennenlernfahrt** mit dem Kunden. Dieser sollte jedoch selbst entscheiden, ob er eine solche Fahrt wünscht.

Bei echten Neukunden ist es auch wichtig, den Übergang vom Verkauf zum **Kundendienst** zu gewährleisten, da dieser in den nächsten Jahren die Betreuung mitübernehmen wird. Zu diesem Zweck sollte dem Kunden der Betrieb gezeigt und ihm der zuständige Kundendienstmitarbeiter bzw. Werkstattmeister vorgestellt werden. Es könnte auch sinnvoll sein, nach Rücksprache mit dem Kunden über dessen durchschnittliche Fahrleistung pro Zeiteinheit, bereits jetzt einen ersten **Inspektionstermin** zu vereinbaren.

Um der Neuwagenauslieferung einen Ereignis-, Erlebnis- oder **Erinnerungswert** zu geben, bieten sich unterschiedliche Möglichkeiten an, beispielsweise ein Foto der Familie mit dem neuen Auto, welches 14 Tage später dem Kunden mit einem netten Brief zugesandt wird, ein Blumenstrauß für die Gattin oder ein kleines Gastgeschenk, das individuell auf den neuen Fahrzeugbesitzer abgestimmt ist.

Zum Abschluß der Fahrzeugübergabe sollte der Verkäufer seinen Anruf für die nächsten Tage ankündigen, bei dem er sich nach der **Zufriedenheit** mit dem neuen Wagen erkundigen möchte.

Die Nachbearbeitung

Im Anschluß an die Fahrzeugauslieferung beginnt die Arbeit der Kundenbetreuung, die mit darüber entscheidet, ob aus dem soeben gewonnenen Kunden ein **Stammkunde** wird.

Um die Kundenbetreuung so individuell wie möglich gestalten zu können, ist es wichtig, **Informationen** über den Kunden zu sammeln und zu speichern. Für den Händler stellt sich somit die Aufgabe, Detailinformationen, die sich aus dem Verkaufsgespräch oder während der Fahrzeugauslieferung ergeben haben, in seine **Datenbank** oder seine Kundenkartei aufzunehmen.

So könnte er beispielsweise erfahren, welches Hobby der Kunde betreibt, wohin er in Urlaub fährt, wie seine Kinder heißen oder wo er arbeitet. Nimmt der Händler in einem späteren Mailing, einem Telefonat oder einem Kundenbesuch Bezug auf diese gespeicherten Daten, können sich daraus nützliche Ansatzpunkte für eine individuelle Kundenbetreuung ergeben.

5.3 Die Zufriedenheitsnachfrage im Anschluß an die Fahrzeugauslieferung

Telefonische **Zufriedenheitsnachfragen** können dazu beitragen, kleine Unzufriedenheiten, die nur selten zu Rückmeldungen seitens des Kunden führen, frühzeitig zu erfahren und diesen rechtzeitig entgegenzutreten. Man entdeckt somit Schwachstellen und bekommt Anregungen zur Leistungsverbesserung.

Zusätzlich führen immer verbesserte Fahrzeugqualitäten und verlängerte Inspektionsintervalle zu einer abnehmenden **Kontaktfrequenz** zwischen dem Kunden und seinem Autohaus. Zufriedenheitsnachfragen helfen daher auch, eine persönliche Beziehung zu einem neuen Kunden aufzubauen.

Somit stellen Zufriedenheitsnachfragen in der heutigen Zeit des Wettbewerbs eine wichtige **Profilierungsmöglichkeit** für den Automobilhändler dar. Gut vorbereitete und geschickt geführte Gespräche tragen zur Kundenzufriedenheit und Kundenbindung bei. Gleichzeitig geben sie dem Händler die Möglichkeit, mehr darüber zu erfahren, wo er seine Dienstleistungen verbessern könnte.

Kundenzufriedenheitsnachfragen sollten die folgenden **Elemente** beinhalten:

⇒ Sofortige Bekanntgabe des **Gesprächszieles** nach dem Gesprächseinstieg

⇒ Konkrete Aktivierungsfrage nach der **Zufriedenheit** des Kunden; gegebenenfalls Nachfrage auf eventuelle Beanstandungen (beziehen sich diese auf die Serviceleistungen oder auf Fahrzeugmängel?)

⇒ Bei positiven Äußerungen des Kunden gezielt sprachliche **Verstärker** einsetzen („Ich freue mich über Ihre Aussagen.")

⇒ Bei negativen Kundenäußerungen nachfragen und **Beanstandungen** konkretisieren lassen; Verständnis zeigen; Abhilfemaßnahmen vorschlagen; Vereinbarungen treffen

⇒ Gesprächsabschluß durch **Dank** und positiven Nachschlag („Vielen Dank für Ihr Interesse und Ihre Aufmerksamkeit.")

5.4 Die Kundenbetreuung während der Nutzungsdauer des Fahrzeuges

5.4.1 Das Ziel der Zufriedenheitsnachfrage

Kunden lassen sich heutzutage nur sehr schwer an ein Produkt oder ein Unternehmen binden. Dies trifft auch auf den Automobilkauf zu. Damit der Kunde dennoch auch sein zweites, drittes oder gar viertes Auto beim gleichen Händler erwirbt, kommt der aktiven Kundenbetreuung eine entscheidende Aufgabe zu.

Im einzelnen werden damit folgende **Zielsetzungen** verfolgt (vgl. Sieg, 1994, S. 69):

⇒ **Langfristige Absicherung der Kaufentscheidung**

Mit der telefonischen Zufriedenheitsnachfrage allein, einige Tage nach Fahrzeugauslieferung, ist die Kaufentscheidung des Kunden noch längst nicht auf Dauer abgesichert. Auch Wochen, Monate oder Jahre nach dem Kauf kann sich beim Kunden ein Gefühl der **Kaufreue** einstellen. Die Absicherung der Kaufentscheidung ist somit ein Ziel, das der Händler während der gesamten Nutzungsdauer des Fahrzeuges verfolgen muß.

⇒ **Vertiefung der Beziehung zum Kunden**

Bedingt durch immer längere Wartungsintervalle kommt der Kunde heute immer seltener zu seinem Autohändler. Daher ist es notwendig geworden, daß dieser von sich aus den Kontakt zum Kunden sucht. Hierbei geht es auch darum, den Kunden immer besser kennenzulernen, seine Bedürfnisse und Vorlieben zu erkennen, um diese in späteren Geschäftsbeziehungen nutzen zu können. Die Kundenbetreuung wird somit auch zur permanenten **Bedarfs-, Situations- und Motivanalyse.**

Gleichzeitig soll der Kunde natürlich auch seinen Autohändler besser kennenlernen, um mehr Vertrauen zu diesem entwickeln zu können. Dies ist eine notwendige Voraussetzung für eine langfristige Geschäftsbeziehung.

⇒ **Vorbereitung eines neuen Vertragsabschlusses**

Kundenbetreuung hat keinen Selbstzweck. Das Ziel aller Bemühungen ist der nächste Kaufabschluß, und es gilt, diesen schrittweise vorzubereiten.

5.4.2 Kundenbetreuung und -bindung durch aktive Telefonate

Das Kundenkontakttelefonat bietet für den Verkäufer im Autohaus die Möglichkeit, sich von Zeit zu Zeit in Erinnerung zu rufen, um bei der nächsten Kaufentscheidung des Kunden berücksichtigt zu werden.

Zusätzlich kann er dadurch weitere Informationen über den Kunden sammeln und diese für spätere Abschlüsse nutzen. Jeder Verkaufsberateranruf ist somit auch Teil einer kontinuierlichen **Bedarfsanalyse** im Rahmen der **Kundenkontaktpflege**.

Für viele Verkäufer ist es jedoch schwierig, die **Notwendigkeit** solcher langfristig geplanten Kontaktgespräche zu akzeptieren und diese auch kontinuierlich auszuführen. Kontakttelefonate bringen keine unmittelbaren Abschlüsse, keine direkt oder sofort meßbaren Erfolge. Dies muß jeder Verkaufsmitarbeiter zunächst für sich akzeptieren, um auch die notwendige Motivation und Energie zur Ausführung solcher Gespräche zu finden.

Für ein zielgerichtetes und geplantes Vorgehen benötigen Verkäufer für diese Form des Kundenkontaktes entsprechende **Gesprächsanlässe**:

⇒ Die **Zufriedenheitsnachfrage** im Anschluß an die Fahrzeugauslieferung
⇒ Die telefonische Einladung zu **Sonderveranstaltungen**
⇒ Die eigene **Vorstellung** als neuer Verkaufsmitarbeiter
⇒ Besondere **Kontaktanlässe**, z. B. spezielle Ereignisse beim Kunden, Jubiläen, besondere Angebote
⇒ Das Telefonat nach Ausbleiben eines **Werkstattkontaktes**
⇒ Das direkte Gespräch zur **Verkaufsanbahnung** (z. B. Einladung zur Probefahrt mit einem neuen Modell, Ablauf der geplanten Nutzungsdauer des Fahrzeuges, Auslauf des Leasingvertrages, etc.)

Berateranrufe gehören für viele Kunden nicht zur Alltäglichkeit. Um einer möglichen Verunsicherung des Gesprächspartners vorzubeugen, ist es ratsam, gleich zu Beginn des Telefonates das **Gesprächsziel** bekanntzugeben. Dies vermittelt dem Kunden die notwendige Sicherheit, da er gleich weiß, worum es bei diesem Anruf geht. Außerdem wird dadurch das Interesse des Angerufenen geweckt und er somit zur Gesprächsfortsetzung motiviert.

Nach der Gesprächseröffnung und Gesprächszielbekanntgabe sollte das **Interesse** des Kunden aktiviert werden. Je nach Anlaß kann diese Aktivierung unterschiedlich ausfallen. Entweder der Verkäufer fragt konkret nach, z. B. bei einer Zufriedenheitsnachfrage, oder er unterbreitet einen Vorschlag, etwa bei einer Einladung zu einer Sonderveranstaltung des Autohauses.

Um das Gespräch individuell fortsetzen zu können, sind die unterschiedlichen **Reaktionen** des Kunden äußerst wichtig. Positive Kundenäußerungen auf einen unterbreiteten Vorschlag sollten **verstärkt** und danach gleich zu einer konkreten Vereinbarung übergeleitet werden. Ist der Kunde im Zweifel oder verhält er sich unsicher, ist es ratsam, zunächst Verständnis für dieses Verhalten zu zeigen und den Vorschlag unter Einbeziehung eines neuen Gesichtspunktes zu wiederholen.

Am Telefon ist die Aufnahmefähigkeit des Gesprächspartners weit geringer als im persönlichen Gespräch. Deshalb ist es sinnvoll, die **Argumentation** auf wenige, aber zugkräftige Aussagen zu beschränken und sich langatmige Produktinformationen oder -argumentationen für ein persönliches Gespräch aufzuheben.

Zum Abschluß des Telefonates sollte die getroffene Vereinbarung nochmals zusammengefaßt und dem Kunden für dessen Interesse und Aufmerksamkeit gedankt werden.

5.4.3 Kundenbindung durch Kontaktbriefe

Für den Automobilhändler ergeben sich zahlreiche **Kontaktanlässe**, um mit seinem Kunden während der Nutzungsdauer des Fahrzeuges individuell und persönlich zu korrespondieren.

Neben den brieflichen Kontaktmöglichkeiten in der Zeit zwischen Vertragsabschluß und Neuwagenauslieferung, auf die bereits hingewiesen wurde, ergeben sich auch in der Zeit danach vielfältige **Schreibanlässe**:

⇒ Geburtstagsglückwünsche
⇒ Jahrestage des Neuwagens
⇒ Erinnerungen an Jahresinspektionen
⇒ Zufriedenheitsnachfragen
⇒ Auslauf der Garantiezeit
⇒ Ablauf von Garantieverträgen
⇒ Ende von Finanzierungen
⇒ Angebote über Sonderaktionen der Werkstatt oder des Teile-/Zubehörverkaufs

Zumeist erstellt der **Händler** die Kundenbriefe nicht in Eigenregie, sondern der **Hersteller** bzw. Importeur koordiniert die Aktion, entwickelt die einzelnen Kampagnen und selektiert das Adressenmaterial. Der Händler tritt häufig nur als Absender auf und beteiligt sich finanziell an den Kosten der Aktion (vgl. Holland, 1993, S. 207).

Das wichtigste Medium in diesem Zusammenhang stellt das - aus den Bestandteilen Kuvert, Brief, Prospekt und Response-Element bestehende - **Mailing** dar.

⇒ **Kuvert:**

Das Kuvert hat zum einen eine reine Schutzfunktion. Andererseits kommt ihm die Aufgabe zu, Interesse beim Empfänger zu wecken, damit dieser sich überhaupt mit dem Angebot beschäftigt.

⇒ **Brief:**

Der Brief ist vergleichbar mit der Kontaktstufe im persönlichen Verkaufsgespräch. Er soll dem Leser die wichtigsten Fragen beantworten und die Vorteile des Angebotes erläutern.

⇒ **Prospekt:**

Dem Prospekt kommt die Aufgabe zu, dem Leser das Produkt vorteilhaft zu präsentieren.

⇒ **Response-Element:**

Das Response-Element übernimmt die Funktion der Abschlußphase eines Verkaufsgespräches. Das Mailing muß somit eine Antwortkarte und eventuell einen Rückumschlag enthalten (vgl. Holland, 1993, S. 16f.).

Um dem Kunden ein Angebot zu unterbreiten, muß dieses verständlich, anschaulich und glaubhaft erläutert werden sowie die Wünsche des Kunden ansprechen. So steigt zumeist gegen Ende der Nutzungsdauer eines Fahrzeuges die Wahrscheinlichkeit, daß ein Angebot über ein Neufahrzeug auf das **Interesse** des Kunden stößt und in ihm einen Besitzwunsch hervorruft (vgl. Sieg, 1994, S. 97).

Einer der schwierigsten Aufgaben von Werbebriefen ist es, den Kunden davon zu überzeugen, warum er gerade jetzt handeln soll. Sinnvoll ist es daher, dem Kunden dafür einen zusätzlichen **Anreiz** zu geben. Dies kann im einfachsten Fall die Teilnahme an einem Gewinnspiel sein. Effektiver für den Automobilhändler ist es jedoch, wenn er dem Kunden z. B. eine begrenzte Anzahl von Sondermodellen, eine kostenlose Wertermittlung seines Fahrzeuges bis zu einem bestimmten Termin oder einen Wochenendtest mit einem neuen Modell anbieten kann.

5.4.4 Kundenbetreuung durch Besuche

Sicherlich sprechen eine ganze Reihe von Argumenten dafür, den Automobilverkauf im **Autohaus** stattfinden zu lassen, vor allem weil dem Kunden im Autohaus die komplette Produktpalette vorgeführt werden kann. Dennoch ist auch in diesem Bereich eine zukünftige Veränderung durchaus vorstellbar.

In Japan beispielsweise ist es schon lange üblich, daß der **Verkäufer zum Kunden** kommt und nicht umgekehrt. Auch im Nutzfahrzeuggeschäft haben die Verkäufer ihre Kunden schon immer in deren Büro besucht und mit ihnen dort verhandelt.

Somit stellt sich auch im Autohaus die Frage, inwieweit **Kundenbesuche** in die Betreuungsmaßnahmen während der Nutzungsdauer des Fahrzeuges eingebunden werden können.

Kundenbesuche sind besonders dann anzuraten, wenn der Verkaufsberater etwas vorbeizubringen hat (ein kleines Präsent) oder wenn sich zum Auslauf der Nutzungsdauer des Fahrzeuges ein **Anlaß** für ein ausführliches Gespräch ergibt. In jedem Fall sollte der Besuch jedoch vorher telefonisch vereinbart werden, und der Kunde sollte ihm auch zugestimmt haben. Andererseits setzt die Zustimmung des Kunden zu einem Besuch bei sich zuhause Vertrauen voraus. Erst wenn der Verkäufer dieses Vertrauen genießt, wird der Kunde dem Besuchsangebot auch zustimmen. Infolgedessen kann die Reaktion des Kunden auf ein

Besuchsangebot für den Verkaufsberater ein wertvoller Hinweis auf dessen persönliche Vertrauensausstrahlung sein.

Der Besuch beim Kunden gestattet einen Einblick in dessen direktes Umfeld. Auf diese Weise erlangt der Händler eine viel bessere **Kenntnis** über den Kunden, so daß sich hierdurch eine Fülle von Ansätzen für weitere Verkaufsgespräche ergeben können.

Ein Kundenbesuch sollte insgesamt jedoch nicht länger als eine halbe Stunde in Anspruch nehmen, es sei denn der Hausherr fordert durch sein Verhalten ausdrücklich zum längeren Verweilen auf. Somit kann vermieden werden, daß der Gastgeber nicht erst mit dem Blick auf die Uhr aufstehen muß, um den Automobilverkäufer mit den Worten „Ich muß Sie jetzt leider verabschieden..." hinauszukomplimentieren.

5.5 Der Kundendienst

Der Kundendienst bietet für das Autohaus die beste Chance zur Profilierung. Auf ein Neufahrzeuggeschäft kommen zehn bis fünfzehn **Folgekontakte** im Kundendienst, die maßgeblich über die Zufriedenheit des Kunden entscheiden (vgl. Brachat, 1994, S. 49).

Zweck des Kundendienstes ist es, den **Nutzen** von Käufern und Verwendern mit den verkauften Produkten zu steigern, indem deren Einsatz im Laufe der Geschäftsbeziehung begleitet wird. Damit werden Versprechen eingelöst, die mit dem Kaufvertrag zusammen-hängen; diese Aktivitäten sind demzufolge **rückwärts gerichtet**. Der Kundendienst wird deshalb häufig nur als notwendiges Übel, als unnötiger Kostenverursacher aus früheren Geschäften betrachtet und somit zu wenig konsequent in die Marketinganstrengungen vieler Unternehmen einbezogen und bewußt gestaltet.

Doch gerade in Zeiten, in denen qualitativ bessere, aber immer komplexere Automobile angeboten werden und der Kunde immer seltener in seine Werkstatt kommt, wird es zur Aufgabe eines jeden Autohändlers, ein individuelles **Leistungsprogramm** entsprechend seiner Marke, seines Standortes und seiner Betriebsgröße zu schnüren und dieses systematisch fortzuentwickeln.

Der Kunde erwartet heute nicht mehr nur eine fachgerecht durchgeführte Reparatur bzw. Wartung seines Fahrzeuges zu einem angemessenen Preis. In einer 1994 durchgeführten AUTOHAUS/Castrol-Studie wurden die 60 meistgenannten **Wünsche** des Kunden im Zusammenhang mit dem Kundendienst erfaßt (vgl. Brachat, 1994, S. 58).

Die Ergebnisse bieten einige interessante Ansatzpunkte für die Händler.

So erwarten beispielsweise 70 % aller Befragten die **Reinigung** ihres Fahrzeuges. Ebenso viele möchten Informationen über den nächsten **Inspektionstermin** erhalten. Immerhin 66 % wünschen sich einen **Fahrzeugabhol- bzw. -zustellservice**, 55 % erwarten ein **Ersatz-fahrzeug** für ca. 25 DM pro Tag. 52 % der Befragten möchten gerne bei der Reparatur **anwesend** sein und knapp 50 % sind bereit, bis zu eineinhalb Stunden auf die Reparatur zu **warten** (vgl. Brachat, 1994, S. 58).

Gerade die beiden zuletzt genannten Punkte bieten dem Verkäufer bzw. Verkaufsberater im Autohaus eine sehr gute Möglichkeit, den **regelmäßigen Kontakt** zum Kunden herzustellen, und schaffen somit eine wichtige Voraussetzung dafür, den Kunden über das Instrument Kundendienst langfristig an sich und damit auch - im Sinne des Herstellers - an die Marke zu binden.

5.6 Das Beschwerdemanagement

Sicherlich wird es sich jeder Händler zum Ziel setzen, die **Reklamationsquote** im Betrieb und beim Fahrzeug so gering wie möglich zu halten. Dennoch wird es auch bei noch so großem Bemühen immer wieder zu Fehlern und damit auch zu Reklamationen seitens des Kunden kommen. In der Automobilwirtschaft gehen dabei 90 % der Beschwerden beim **Händler** ein, nur zehn Prozent erreichen den Hersteller direkt (vgl. Bruhn, 1982, S. 7).

Erkennt der Kunde an seinem Fahrzeug ein Problem und **beschwert** sich daraufhin bei seinem Händler, tut er diesem - und diese Erkenntnis hat sich bei weitem noch nicht überall durchgesetzt - durchaus einen Gefallen. Es ist erwiesen, daß sich nur vier bis sechs Prozent der unzufriedenen Kunden tatsächlich auch beschweren (vgl. Hothum, 1993, S. 39).

Die restlichen ca. 95 % stellen jedoch für den Händler eine nicht zu unterschätzende Gefahr dar. Zum einen aufgrund der Tatsache, daß unzufriedene Kunden eine für das Unternehmen **negative Mundpropaganda** betreiben - ein unzufriedener Kunde berichtet im Durchschnitt elf Personen über sein negatives Erlebnis - zum anderen deswegen, weil bei unzufriedenen Kunden die Bereitschaft zu einem Händler- bzw. Markenwechsel weitaus größer ist als bei zufriedenen (vgl. Schmid, Peill, 1994, S. 226).

Der reklamierende Kunde zeigt dem Händler noch sein **Vertrauen.** Er gibt ihm die Chance, Schwachstellen im Betrieb aufzudecken, Mängel des Fahrzeuges zu erkennen und die Leistungsfähigkeit seines Betriebes unter Beweis zu stellen. Der Kunde kann davon abgehalten werden, ein Negativimage über das Autohaus zu verbreiten, und es besteht durchaus die Möglichkeit, diesen Kunden wieder zufriedenzustellen und somit doch noch dessen Loyalität wiederzugewinnen.

Die Abbildung 55 zeigt, wie das **Beschwerdemanagement** mit einer Gestaltung

⇒ des Beschwerde-Inputs,
⇒ der Beschwerde-Bearbeitung und
⇒ der Beschwerde-Analyse

über eine Wiederherstellung der Zufriedenheit und eine Verbesserung der Qualität eine Steigerung der Kundenbindung erreichen kann.

Abbildung 55: Aufgaben und Ziele des Beschwerdemanagements

Quelle: Schmid, Peill, 1994, S. 225 ff.

Reklamationen haben immer einen sachlichen und einen menschlichen Aspekt. Auf der **sachlichen** Seite gilt es, das technische Problem richtig zu erkennen und angemessene Abhilfemaßnahmen einzuleiten. Auf der **menschlichen** Seite steht die Zufriedenheit des Kunden auf dem Spiel. Diese wird bestimmt vom Gesprächsverhalten des Mitarbeiters einerseits und von den vorgeschlagenen und eingeleiteten Maßnahmen andererseits (vgl. Sieg, 1994, S.46).

Reklamierende Kunden sind häufig aufgeregt. Dies behindert ihre Fähigkeit, sachlich genau und umfassend ihr Problem zu schildern. Besonders wichtig ist es daher, dem Kunden von Anfang an freundlich gegenüberzutreten, um somit eine **angenehme Gesprächsatmosphäre** und einen persönlichen Kontakt aufzubauen. Dies ist eine wichtige Voraussetzung für eine erfolgreiche Gesprächsführung und eine sinnvolle Reklamationsbehandlung.

Das Gesprächsverhalten des Verkaufsmitarbeiters sollte anschließend von folgenden **Zielsetzungen** geleitet werden:

⇒ Dem Kunden muß die notwendige **Akzeptanz** für sein Problem entgegengebracht werden („Ich kann Ihre Verärgerung gut verstehen. Es ist sicher nicht schön, wenn...").

128

⇒ Wichtig ist es, den Kunden zu **beruhigen**, damit dieser seine Schwierigkeiten genau und verständlich beschreiben kann und der Händler somit den sachlichen Hintergrund der Reklamation erfährt („Ich kann gut verstehen, daß Sie ärgerlich sind. Doch wir wollen beide, daß Ihr Fahrzeug so schnell wie möglich wieder einsatzbereit ist. Wie hat sich denn das Geräusch zum ersten Mal bemerkbar gemacht?")

⇒ Letztlich müssen dem Kunden kurzfristige **Abhilfemaßnahmen** vorgeschlagen und diese auch eingeleitet werden, um eine Beseitigung des Problems zu erreichen („Es bieten sich uns zwei Möglichkeiten. Wir könnten .... oder .... Welcher Weg wäre Ihnen angenehmer?")

Das **Verhalten des Verkäufers** im Reklamationsgespräch entscheidet also im wesentlichen mit darüber, ob der momentan aufgebrachte und verärgerte Kunde wieder zufriedengestellt werden kann.

Sowohl die dargestellten zentral entworfenen **Kundenbindungsprogramme**, als auch die vom Vertragshändler gestalteten **After-Sales-Service-Maßnahmen**, dienen dazu, die Zufriedenheit des Kunden zu erhöhen, um auf dieser Basis die Loyalität des vorhandenen Kundenstammes zu sichern.

Die **Messung** des hypothetischen Konstruktes „Kundenzufriedenheit" gestaltet sich jedoch - da sich Zufriedenheit ausnahmslos einer direkten Beobachtung entzieht - als sehr schwierig. Die folgenden Ausführungen geben daher einen Überblick über den Einsatz von **Kundenzufriedenheitsstudien** in der Automobilwirtschaft.

6 Die Messung der Kundenzufriedenheit als dominierende Erfolgsdimension des Kundenbindungsmanagements

6.1 Das Deutsche Kundenbarometer

Die Deutsche Marketing Vereinigung e.V. (Düsseldorf) und die Deutsche Post AG (Bonn) haben mit dem **Deutschen Kundenbarometer** den Gedanken der Kundenorientierung aufgegriffen und erheben im Einjahresrhythmus das Kundenurteil über die Leistungsqualität von Unternehmen und Anbietern sowie von ausgewählten Branchen in Deutschland. Dazu wird seit 1992 jährlich die Entwicklung der Kundenzufriedenheit und Kundenbindung in über 40 Branchen und bei mehr als 700 Unternehmen gemessen (vgl. o.V., 1992, S. 3).

Zur Steigerung der Kundenorientierung und Wettbewerbsfähigkeit in den untersuchten Branchen werden mit dem Deutschen Kundenbarometer folgende **Zielsetzungen** verfolgt:

⇒ Identifikation von **Defiziten** in der Marktleistung bzw. in der Kundenorientierung einzelner Branchen und Unternehmen,

⇒ stärkere **Sensibilisierung** von Branchen, Verbänden und Unternehmen für den Marketing-Gedanken,

⇒ verstärkte Ausrichtung von Angeboten auf die **Kundenerwartungen** und die Bereitstellung von Kennziffern für ein kontinuierliches Controlling eingeleiteter Maßnahmen.

Die Studie ist somit einerseits als Instrument zur **strategischen Früherkennung** für einzelne Anbieter konzipiert. Darüber hinaus sollen mit ihrer Hilfe Erkenntnisse über grundlegende Zusammenhänge zwischen Kundenzufriedenheit und -loyalität gewonnen werden (vgl. Simon, Homburg, 1995, S. 171).

Zur Erhebung der branchen- und unternehmensspezifischen Zufriedenheitsinformationen wird bei der Befragung eine merkmalsorientierte **Zufriedenheitsskala** eingesetzt. Dabei bedient man sich einer fünfstufigen Ratingskala, auf deren Basis drei Kundentypen nach den Kriterien „enttäuscht", „zufrieden" und „überzeugt" unterschieden werden (vgl. Korte, 1995, S. 69f., vgl. Abbildung 56).

Abbildung 56: Zufriedenheits- und Loyalitätsskala des Deutschen Kundenbarometers

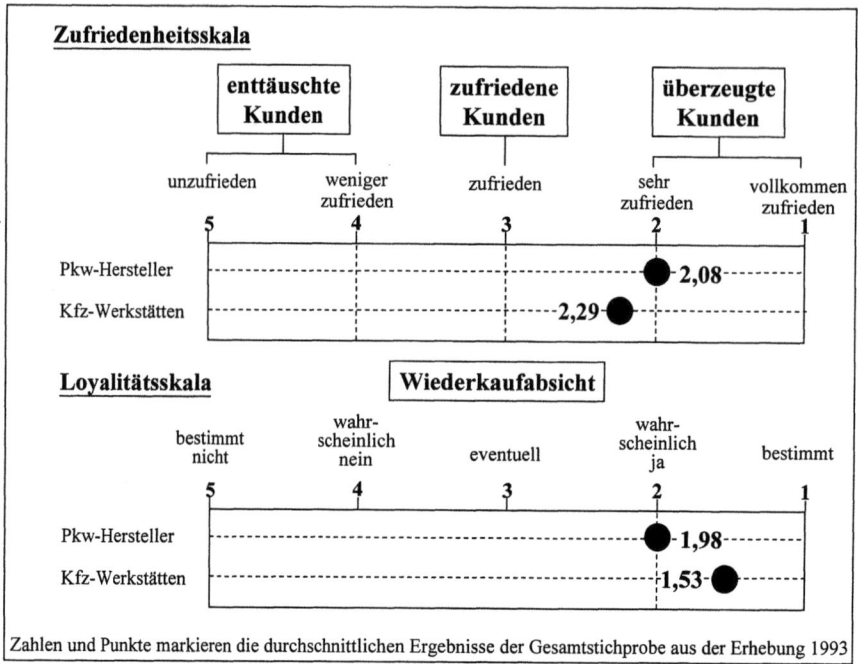

Zahlen und Punkte markieren die durchschnittlichen Ergebnisse der Gesamtstichprobe aus der Erhebung 1993

Quelle: Korte, 1995, S. 70

Ein zentraler Maßstab der Kundenorientierung ist die **Globalzufriedenheit** eines Kunden. Diese umfaßt die Zufriedenheit mit den Leistungen des von einem Kunden hauptsächlich genutzten Anbieters bzw. des Angebotssystems insgesamt.

In einem Ranking, das einen Überblick über die Rangfolge der 1996 untersuchten Branchen hinsichtlich des Mittelwertes der Globalzufriedenheit wiedergibt, nehmen sowohl die PKW-Hersteller, als auch die Kfz-Werkstätten, die sich zum überwiegenden Teil aus markengebundenen Vertragshändlern zusammensetzen, Plätze im vorderen Feld der Skala ein (vgl. Meyer, Dornach, 1995, S. 5f., vgl. o.V., 1996c, S. 37, vgl. Abbildung 57).

Abbildung 57: Das Ranking der Globalzufriedenheit 1996

(gemessen auf einer Skala von vollkommen zufrieden „1" bis unzufrieden „5")

Urlaubsregionen	2,03
Motorradhersteller	2,11
PKW-Hersteller	2,12
Apotheken	2,17
Kreditkartenorganisationen	2,24
Buchhandel	2,25
Tankstellen	2,28
Hörfunksender	2,30
Reiseveranstalter	2,30
Fluggesellschaften (Privatreisende)	2,33
Krankenkassen/Krankenversicherungen	2,33
Rechtsschutzversicherungen	2,38
Elektrohaushaltsgroßgeräte (Kundendienst)	2,41
Banken und Sparkassen	2,43
Mobilfunk (Telefone)	2,43
Krankenhäuser/Kliniken	2,44
Privathaftpflichtversicherungen	2,45
Personal Computer (Hardware)	2,46
Versandhäuser	2,46
Hilfs-, Spenden- und Umweltorganisationen	2,47
Lebensmittelmärkte/-geschäfte	2,49
Zeitungen	2,50
Drogeriemärkte/-geschäfte	2,51
Bausparkassen	2,54
Personal Computer (Betriebssysteme)	2,55
Bau- und Heimwerkermärkte	2,60
Mobilfunk (Netzbetreiber)	2,60
Mobilfunk (Service-Provider)	2,60
Kauf- und Warenhäuser	2,67
Online-Dienste	2,82
Briefpost (Privatkunden)	2,90
Wertstoffentsorgung (Duales System)	2,93
Öffentlicher Personennahverkehr	2,97
Paketdienste (Privatkunden)	2,97
Deutsche Bahn AG	3,01
Kirchen/Religionsgemeinschaften	3,06
Polizei (Öffentliche Sicherheit)	3,08
Stadt- und Kreisverwaltungen	3,12
Telefondienste	3,13

Quelle: o.V., 1996c, S. 37

Innerhalb der PKW-Hersteller ist Mazda 1996 der Spitzenreiter in der Globalkunden-zufriedenheit (vgl. Abbildung 58). Auch im Bereich der Kfz-Werkstätten wird der erste Rang mit Subaru von einem japanischen Importeur eingenommen.

Abbildung 58: Globalzufriedenheit mit PKW-Herstellern

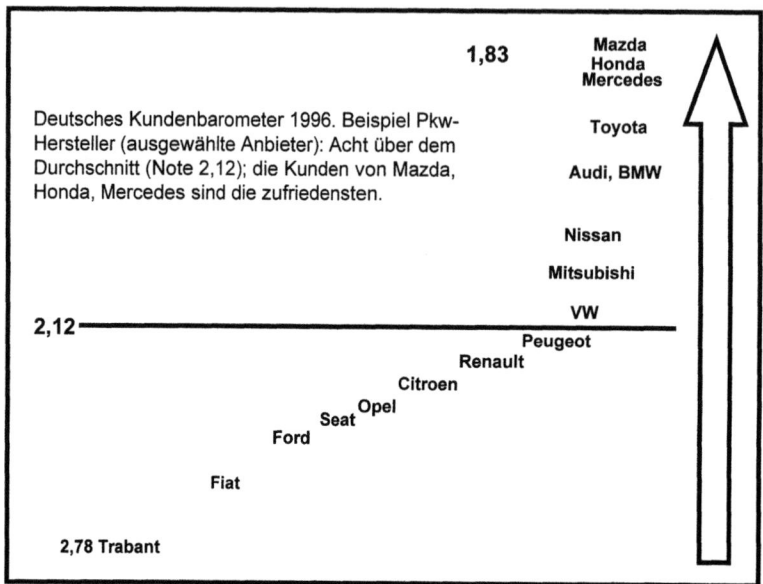

Quelle: o.V., 1996c, S. 39

Neben der Globalzufriedenheit als generelles Urteil der Verbraucher werden im Deutschen Kundenbarometer zusätzlich Fragen nach der Zufriedenheit mit branchenspezifisch besonders wichtigen **Leistungsmerkmalen**, einerseits bezogen auf die gesamten Anbieter, andererseits differenziert nach den einzelnen Pkw-Herstellern bzw. Kfz-Werkstätten, gestellt. Die zu diesem Zweck erhobenen Subdimensionen der Zufriedenheit betreffen insbesondere die Art und Weise der **Leistungserstellung** bzw. des **Kundenkontaktes** und angebotstypische **Serviceleistungen** (Erreichbarkeit, Freundlichkeit, Beratungsqualität, Preis/Leistungsverhält-nis) (vgl. Simon, Homburg, 1995, S. 173).

Insgesamt betrachtet ergeben sich für die Anbieter in der Automobilwirtschaft aus dem Erhebungsansatz des Deutschen Kundenbarometers eine Reihe spezifischer Vorteile. So eröffnen sich neben der Möglichkeit einer anbieterindividuellen Auswertung aus den er-hobenen Daten insbesondere Ansatzpunkte für ein zufriedenheits- und loyalitätsorientiertes **Benchmarking** mit dem Branchendurchschnitt, dem branchenbesten Anbieter und den Anbietern aus anderen Branchen in vergleichbaren Leistungsbereichen.

Allerdings ist auch festzuhalten, daß diese Studie eine systematische, umfassende und kontinuierliche Zufriedenheits- und Loyalitätsanalyse der Anbieter der Automobilwirtschaft nicht ersetzten kann und auch nicht will (vgl. Korte, 1995, S. 73 f.).

Trotzdem „leistet das Deutsche Kundenbarometer einen Beitrag für eine wettbewerbs-orientierte Analyse der Konsumentenzufriedenheit und -loyalität in der Automobilwirtschaft" (Korte, 1995, S. 73 f.).

6.2 Der Quality Audit Survey (QAS), die New Car Buyer Study (NCBS) und der European Customer Satisfaction Survey (ECSS)

Beim QAS, der NCBS und dem ECSS handelt es sich um **Marktforschungsstudien**, an denen sich mehrere Automobilhersteller gemeinschaftlich als Auftraggeber beteiligen. Die Käufer von Neufahrzeugen werden im Rahmen dieser Studien jeweils nach einem identischen Erhebungsdesign befragt.

Für die einzelnen Auftraggeber bieten sie die Möglichkeit eines direkten **Vergleiches** der Untersuchungsergebnisse nicht nur zwischen den beteiligten Automobilmarken, sondern insbesondere auch zwischen den Fahrzeugen innerhalb einer Modellklasse der jeweiligen Hersteller.

Die Auftragsvergabe für den QAS, die NCBS und den ECSS erfolgt jeweils an eine **gesamtverantwortliche Agentur**, die die Arbeit in den jeweiligen Ländermärkten, in denen die Studien durchgeführt werden (im wesentlichen sind dies Deutschland, Frankreich, Großbritannien und Spanien), insgesamt koordiniert. Daraus resultiert für die beteiligten Hersteller letztlich die Möglichkeit einer Kombination von markenübergreifenden mit länderübergreifenden Analysen.

Die Auswertung der mit diesen Studien gewonnenen Daten führt dabei nicht - wie etwa beim Deutschen Kundenbarometer - zur Berechnung spezifischer Zufriedenheitsindizes, sondern eröffnet den beteiligten Herstellern einen differenzierteren Einblick in die **Zufriedenheit der Kunden** mit den von ihnen erworbenen Neufahrzeugen.

Insgesamt läßt sich jedoch festhalten, daß es sich bei diesen herstellerinduzierten Studien eher um **produktorientierte Zufriedenheitsstudien** handelt, bei denen Befragungsthemen, die sich auf die Qualität des Fahrzeuges beziehen, eindeutig dominieren - auch wenn zumindest der ECSS vom eigenen Anspruch her sowohl die Produkt- als auch die Händlerzufriedenheit berücksichtigt.

Es erscheint daher mehr als fraglich, ob die Automobilhersteller, die diese Studien in Auftrag geben, überhaupt ein Interesse an wettbewerbsbezogenen Informationen über die Kunden-zufriedenheit auf der **Händlerebene** haben. Dieses Informationsdefizit des Automobilhandels läßt sich insofern nur über eine standortbezogene, enge Marktforschungskooperation zwischen den Automobilhändlern überwinden (vgl. Korte, 1995, S. 73).

6.3 Markenspezifische Zufriedenheitsstudien in der Automobilwirtschaft

Nahezu alle Automobilhersteller und -importeure setzen **Kundenbefragungsprogramme** zur markenspezifischen Erhebung der Kundenzufriedenheit ein. Nach einer im Juli 1994 durchgeführten Untersuchung führten lediglich die Automobilmarken Kia, Lada und Lexus keine eigenen Kundenzufriedenheitsstudien durch (vgl. Korte, 1995, S. 93).

Dabei wird in der Regel nicht nur auf das Ergebnis einer einmaligen Befragung als Basis für die Anstrengungen der nächsten Jahre gesetzt. Die Kundenzufriedenheit wird vielmehr **regelmäßig** von den Herstellern abgefragt, um so dem Handel mit den gewonnenen Erkenntnissen eine wichtige Arbeitsgrundlage für künftige Entscheidungen und Optimierungsansätze zur Verfügung zu stellen.

Die **Inhalte** dieser Befragungen konzentrieren sich im wesentlichen auf die zentralen Punkte Zufriedenheit mit dem Produkt selbst, dem Neuwagen-Verkauf, der Fahrzeugauslieferung, dem Service sowie mit dem Vertragshändler insgesamt (vgl. Finsterwalde-Reinecke, 1994, S. 67, vgl. Kamenz, 1996, S. 149 ff.).

Der in Abbildung 59 dargestellte **Fragebogen** (erste Seite), den Opel 6 Monate nach der Fahrzeugauslieferung an Neuwagenkäufer versendet, untergliedert sich in die folgenden Problembereiche:

⇒ Das Fahrzeug
⇒ Wünsche an den Hersteller
⇒ Der Kauf Ihres Opel
⇒ Die Übernahme Ihres Fahrzeuges
⇒ Garantieleistungen
⇒ Zufriedenheit mit Teile- und Zubehör-Service
⇒ Zufriedenheit insgesamt mit Ihrem Lieferhändler
⇒ Erfahrungen insgesamt
⇒ Wünsche an Ihren Lieferhändler
⇒ Bitte sagen Sie uns etwas über sich selbst
⇒ Verwendung Ihrer Angaben

Im Gegensatz zu der eher produktorientierten Ausrichtung des Erhebungsdesigns marken-übergreifender Zufriedenheitsstudien lassen sich die markenspezifischen Erhebungen damit übereinstimmend durch ihren expliziten **Produkt- und Händlerbezug** kennzeichnen. Die beiden übergeordneten Ziele der Bestimmung der Kundenzufriedenheit und der Kunden-loyalität werden somit konsequent sowohl für die Automobilmarke, als auch für die Automobilhändler verfolgt.

Die Befragungsprogramme zahlreicher Hersteller zeichnen sich durch jährliche Erhebungs-intervalle unter Bezugnahme auf mehrere Erhebungszeitpunkte im individuellen Besitzzyklus der Kunden aus, wobei oftmals noch eine Splittung der Kundenbefragung vorgenommen wird (vgl. Abbildung 60).

Abbildung 59: Kundenzufriedenheitsbefragung von Opel 6 Monate nach der Fahrzeugauslieferung (erste Seite)

KUNDEN BEURTEILEN OPEL

Sehr geehrte Frau

Sie kennen Ihren Opel wie kein zweiter. Sie kennen auch die Menschen in Ihrem Opel-Händlerbetrieb. Deshalb ist Ihre persönliche Beurteilung durch nichts zu ersetzen. Ihre Zufriedenheit ist die Grundlage unserer Arbeit. Und die Ergebnisse dieser Umfrage werden uns zeigen, wo und wie wir unsere Autos und unseren Service für Sie noch verbessern können – zu Ihrem Vorteil und dem aller Opel-Fahrer. Bitte helfen Sie uns dabei durch diesen Fragebogen. Herzlichen Dank!

Laut unseren Unterlagen haben Sie vor etwa einem halben Jahr dieses Opel-Modell erworben:

Astra
Lieferhändler:
Autoh.
47803
9118/75–148!
(Bitte berichtigen Sie diese Angaben, sofern nicht zutreffend.)

DAS FAHRZEUG

1. Sind Sie noch im Besitz des Fahrzeuges?

☐ Ja [_____] Kilometerstand ca.

☐ Nein (Bitte füllen Sie den Fragebogen auch dann aus, wenn Sie das Fahrzeug nicht mehr haben)

2. Wie zufrieden sind Sie mit Ihrem Fahrzeug?

Bewerten Sie bitte:	sehr zufrieden	ziemlich zufrieden	weder zufrieden noch unzufrieden	ziemlich unzufrieden	sehr unzufrieden
Störungsfreie Fahrt	☐	☐	☐	☐	☐
Verarbeitung	☐	☐	☐	☐	☐
Motorleistung	☐	☐	☐	☐	☐
Fahrgefühl	☐	☐	☐	☐	☐
Geräuschdämmung	☐	☐	☐	☐	☐
Kraftstoffverbrauch	☐	☐	☐	☐	☐
Design	☐	☐	☐	☐	☐
Innenausstattung	☐	☐	☐	☐	☐
Preis im Verhältnis zum Wert	☐	☐	☐	☐	☐
Zufriedenheit insgesamt mit Ihrem Auto:	☐	☐	☐	☐	☐

WÜNSCHE AN DEN HERSTELLER

2.1 Welche Verbesserungen wünschen Sie sich am Fahrzeug?

DER KAUF IHRES OPEL

3. Wie zufrieden waren Sie mit der persönlichen Betreuung beim Kauf?

	sehr zufrieden	ziemlich zufrieden	weder zufrieden noch unzufrieden	ziemlich unzufrieden	sehr unzufrieden
dem freundlichen Verhalten Ihnen gegenüber	☐	☐	☐	☐	☐
der Einhaltung von Terminzusagen	☐	☐	☐	☐	☐
den Produktkenntnissen	☐	☐	☐	☐	☐
den technischen Erläuterungen am Fahrzeug	☐	☐	☐	☐	☐
der Bereitschaft zur Probefahrt	☐	☐	☐	☐	☐
der Finanzierungs-/Leasingberatung	☐	☐	☐	☐	☐
der Erläuterung der Fahrzeuggarantie	☐	☐	☐	☐	☐
Zufriedenheit insgesamt mit der persönl. Verkaufs-Betreuung:	☐	☐	☐	☐	☐

Abbildung 60: Erhebungszeitpunkte und -zeiträume der markenspezifischen Befragungsprogramme

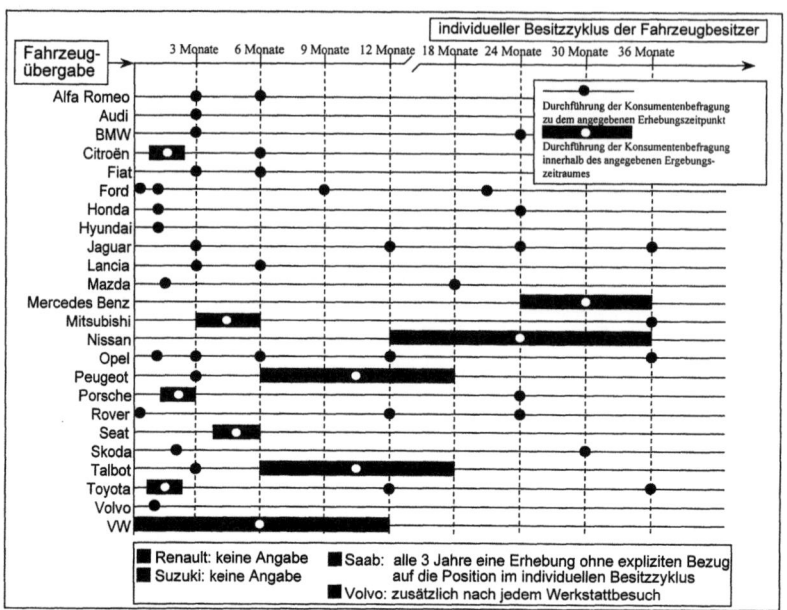

Quelle: vgl. Korte, 1995, S. 101

Während sich die **Umfrage** kurz nach der Neuwagenauslieferung im wesentlichen mit den Schlüsselfragen zum Neuwagenverkauf und zur Fahrzeugauslieferung befaßt, beinhalten die Umfragen, die zu einem späteren Zeitpunkt durchgeführt werden, schwerpunktmäßig die Zufriedenheit des Kunden mit dem Fahrzeug sowie mit den Serviceleistungen des Händlers (vgl. Finsterwalde-Reinecke, 1994, S. 68).

Die gewonnenen Erkenntnisse können den Händlern durchaus **aussagekräftige Informationen** über die Zufriedenheit und die Loyalität ihrer Kunden zur Verfügung stellen. Demgegenüber ist zu konstatieren, daß der Aussagewert von Befragungsprogrammen, die über das erste Halbjahr im individuellen Besitzzyklus des Kunden nicht hinausgehen (z. B. Citroen) oder die nur im Abstand von drei Jahren durchgeführt werden (z. B. Saab), sicherlich eher als begrenzt anzusehen ist, da gerade im letzten Fall kein eindeutiger Bezug zur expliziten Kundenposition genommen wird (vgl. Korte, 1995, S. 108f.).

Die **Resultate** der Kundenbefragungen, die aus einer kosten- und flexibilitätsorientierten Argumentation heraus in der Regel von Marktforschungsagenturen entwickelt und ausgewertet werden, werden den Händlern als ausführliche Trendanalyse übergeben, bilden die Gesprächsgrundlage zwischen Außendienst und Handel im Hinblick auf Verbesserungs- maßnahmen und gehen zumeist auch in die Leistungsbewertung der Vertragshändler sowie in die Incentive-Programme für die Händler und deren Mitarbeiter ein.

Dabei besteht sicherlich die Gefahr, daß die gewonnenen Resultate zu **Maßregeln** gegenüber Händlern, die den durchschnittlichen Index nicht erreicht haben, benutzt werden. Grundlage der Berechnung sowie der Auswertung der Programme bilden in der Regel die im Händlervertrag und in den Vertriebsrichtlinien genannten Standards. Nur wenige Hersteller verfügen hingegen über spezielle auf die Kundenzufriedenheit bezogene Händlerstandards (z. B. Ford) (vgl. Finsterwalde-Reinecke, 1994, S. 66ff.).

Mit Ausnahme von BMW, die einen Leistungsrabatt in Höhe von 0,5 % für die Teilnahme am BMW-Kundenreport und zusätzlich einen Bonus bis zu 0,5 % je nach erzieltem Ergebnis gewähren, gehen allerdings die gewonnenen Erkenntnisse nicht in die Berechnung eines Händlerrabattes ein.

6.4 DSI: Der Zusammenhang zwischen Händler- und Kundenzufriedenheit

Unter **Händlerzufriedenheit** wird in diesem Zusammenhang nicht die Zufriedenheit des Kunden mit seinem Vertragshändler, sondern die des Automobilhändlers mit dem jeweiligen Hersteller verstanden.

Bisher konzentrierten sich die Befragungen über die Bedeutung der Zufriedenheit von Wirtschaftssubjekten als Effizienzmaßstab für unternehmerische Aktivitäten primär auf die Erfassung von Kundenzufriedenheitsindizes. Zweifellos tragen diese zur Erklärung des marken- bzw. händlerloyalen Verhaltens der Kunden in der Automobilindustrie bei.

Die Kundenzufriedenheit existiert jedoch nicht nur auf der Ebene Kunde - Hersteller oder Kunde - Autohaus, sondern auch zwischen **Automobilhersteller**/Importeur und seinem **Vertragshändler**. Sowohl Kunden- als auch Händlerzufriedenheit sind für den Erfolg der Marke und des Autohauses von entscheidender Bedeutung und bilden zusammen das sog. strategische Zufriedenheitsdreieck im Absatzkanal der Automobilwirtschaft (vgl. Meinig, 1995, S. 18 f., vgl. Abbildung 61).

Nach Einschätzung von Fachleuten hängen ca. 50 % der Kundenzufriedenheit von den **Händlern** ab. Kundenorientiertes Verhalten auf der Seite der Handelsorganisation läßt sich jedoch nicht einfach verordnen. Die Hersteller sollten daher durch den gezielten Einsatz von Anreizen ihre Händler dazu motivieren, ein gewünschtes absatzpolitisches Verhalten zu vertreten. Händler, die von ihrem Hersteller in dieser Hinsicht besonders unterstützt werden, agieren daher in der Regel mit überdurchschnittlicher Motivation am Markt (vgl. Meunzel, 1995, S. 14).

Abbildung 61: Das strategische Zufriedenheitsdreieck im Absatzkanal der Automobilwirtschaft

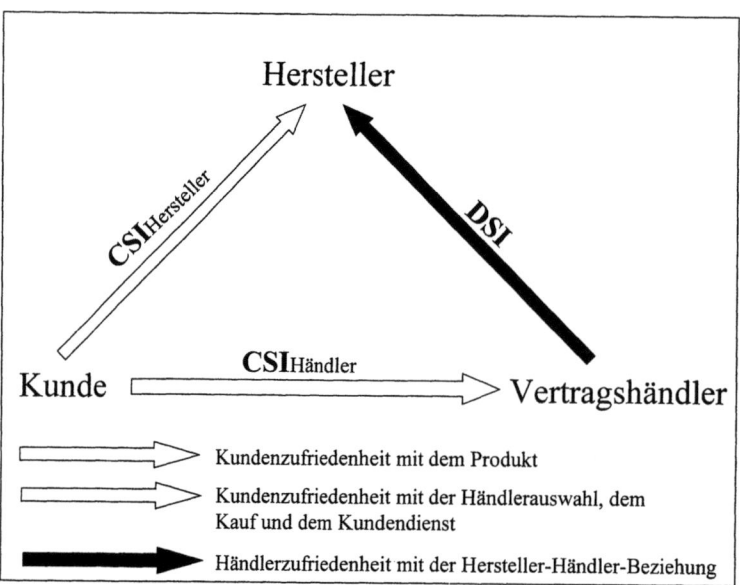

Quelle: vgl. Meinig, 1995, S. 19

Über die Erhebung der Händlerzufriedenheit gewinnt die **Herstellerorganisation** auf kostengünstige Weise präzise Informationen über die Bedürfnisse der Kunden, die ansonsten nur auf dem Wege umfangreicher Kundenbefragungen aufzudecken sind.

Auch für den **Händler** selbst gibt es gewichtige Gründe, Beiträge zur Erfassung der Händlerzufriedenheit zu leisten. Hierdurch besteht die Möglichkeit, ein aussagekräftiges Abbild der Hersteller-Händler-Beziehung, die in der Regel durch eine eindeutige Dominanz der Herstellerseite geprägt ist, nach der Qualität der Kooperation darzustellen und eventuelle Defizite zu identifizieren (vgl. Meinig, 1995, S. 20).

Im Jahr 1995 präsentierte die Forschungsstelle Automobilwirtschaft der Universität Bamberg mit Unterstützung von eurotax/Schwacke und dem AUTOHAUS-Verlag den ersten fabrikatsübergreifenden **Dealer-Satisfaction-Index**. Im Rahmen einer repräsentativen empirischen Studie untersuchte die FAW dabei folgende Kategorien: Verhältnis zum Hersteller/Importeur, Neuwagen und Neuwagenabsatz, Kundendienst/After-Sales-Service, Ersatzteile und Zubehör, Gewährleistung und Kulanz sowie Gebrauchtwagen.

Für jedes Fabrikat wurde ein spezifischer Zufriedenheitswert berechnet. Auf diese Weise kam eine Markenrangliste zustande, an deren erster Stelle der japanische Importeur Subaru steht (vgl. Reik, 1995, S. 38, vgl. Abbildung 62).

Abbildung 62: Die Ergebnisse des DSI 1995 in speziellen Kategorien

(Gesamtergebnis auf einer 5-stufigen Skala von 1 = sehr unzufrieden bis 5 = sehr zufrieden)

Hauptkategorie	Fabrikat	Ergebnis
Zufriedenheit insgesamt	Subaru	3,6
Dimension 1: Verhältnis Hersteller/ Importeur zum Händler	Mercedes Benz	3,2
Dimension 2: Neuwagen und Neuwagenabsatz	Subaru	3,8
Dimension 3: Kundendienst/ After-Sales	Subaru	3,9
Dimension 4: Ersatzteile und Zubehör	Subaru	4,0
Dimension 5: Gewährleistung und Kulanz	Honda	3,7
Dimension 6: Gebrauchtwagen	Ford	3,2
Höchste Beteiligung/Rücklaufquote	Renault	75 %

Quelle: Meunzel, 1995, S. 15

Nachdem **Subaru** auch beim Servicebarometer den ersten Platz belegt hat, ist dies zum einen Bestätigung für eine kontinuierliche Händlerpolitik, zum anderen unterstreicht dies den zuvor unterstellten Zusammenhang zwischen Kunden- und Händlerzufriedenheit.

7 Erfolgsfaktor Kundenbindungsmanagement

Eine immer schwieriger werdende Marktsituation, einander immer ähnlicher werdende Produkte und stetig wachsende Kundenansprüche fordern von den Wettbewerbern nicht nur in der Automobilindustrie ein **Umdenken** hinsichtlich ihrer Serviceangebote und ein **Neuverständnis** von Kundengewinnung, Kundenbetreuung und Kundenbindung. Diesen Tendenzen müssen sich auch viele andere Branchen stellen.

Galten bislang die Hauptaktivitäten der Anbieter der Neukundengewinnung durch Akquisitions-Marketing, Produktentwicklungen und Services, so wird inzwischen der Kundenbetreuung bzw. der Kontaktpflege immer mehr Gewicht beigemessen. Ziel der **Kundenpflege** ist die Verstärkung der Markenloyalität, also die Erhöhung der Wahrscheinlichkeit, daß sich ein Kunde wieder für ein Produkt derselben Marke entscheidet und den Service bei den entsprechenden Anbietern durchführen läßt.

Sinkende Markentreue führt dazu, daß viele Unternehmen bestrebt sind, die Kundenbindung mit Mitteln des Direktmarketing zu intensivieren. Kundenclubs, -karten und -kontaktprogramme gibt es nicht nur in der Automobilbranche sondern auch bei **Händlern**, **Finanzdienstleistern** und **Markenartiklern**.

Die meisten Automobilhersteller bzw. -importeure bedienen sich zum Aufbau eines loyalen Kundenstammes eines mehrjährigen, zentral entworfenen und regional umgesetzten **Kundenkontaktprogrammes**. Im Rahmen der in diesem Buch untersuchten Konzepte nimmt dabei das Kundenkontaktprogramme von **Subaru** aufgrund individueller und perfekt aufeinander abgestimmter Mailings zur Kundenansprache eine besondere Stellung ein.

Diese Programme lassen sich sicherlich nicht einfach kopieren und auf **andere Branchen** übertragen, aber die Erfahrungen, die die Automobilindustrie als Vorreiter gewonnen hat, können auch von anderen genutzt werden. Die Erkenntnis, daß der Kundenbindung ein hoher Stellenwert gebührt und daß sie durch eine Erhöhung des Kundenwertes zu Rentabilitätssteigerungen führt, wenn sie strategisch geplant und zielgerichtet umgesetzt wird, sollte auch andere Unternehmen überzeugen.

Ein sicherlich wirkungsvolles, aber auch sehr aufwendiges Medium, um eine dauerhafte Kundentreue zu erreichen, ist der Aufbau eines **Kundenclubs**. Der Volkswagen-Konzern hat als erster Automobilhersteller in Deutschland diese Herausforderung angenommen und mit der Einführung der beiden markenspezifischen Programme Volkswagen-Club und Audi A plus Neuland in der Kundenbetreuung betreten. Kundenclubs sind auch für Markenartikelhersteller, Finanzdienstleister und Handelsunternehmen (z. B. Dr. Oetker Back-Club, IKEA Family-Club) nichts Neues.

Effem hat als Markenartikelhersteller eine europaweite **Datenbank für Tierhalter** aufgebaut und kommuniziert auf direktem Wege über Mailings und Kundenzeitschriften („Whiskas-Katzenwelt") mit seinen Kunden. Auch hier wird Kundenbindung beispielhaft umgesetzt. Dieses Kundenbindungsprogramm verdeutlicht, daß es deutlich kostengünstiger ist, ohne Streuverluste die bestehenden Kunden zu halten als neue zu gewinnen. Wenn ca. 13 % aller Haushalte eine Katze halten, sind die **Streuverluste** bei einem Fernsehspot oder einer

Zeitschriftenanzeige für „Whiskas" leicht abschätzbar. Dieses Problem erhöht sich dramatisch, wenn noch kleinere Zielgruppensegmente angesprochen werden. Wenn das Produkt „Sheba" auf 10 % der Katzenhalter zielt, entspricht dies 1,3 % der Haushalte und somit gewaltigen Streuverlusten bei einer Bewerbung dieses Produktes in Massenmedien. Die Kommunikation über Massenmedien, wie Fernsehspots oder Zeitschriftenanzeigen, wird weiterhin durchgeführt, um Image und Bekanntheitsgrad für das Produkt „Sheba" aufzubauen und Neukunden zu gewinnen, aber ein immer größerer Teil des Kommunikationsbudgets fließt nicht nur bei diesem Unternehmen in das Direktmarketing um **bestehende Kunden** zu betreuen und zu binden.

Weitere **Kundenclubs** zur Verstärkung der Kundentreue für Markenartikel sind beispielsweise der DAB-Club, der Barbie Fan-Club, der Davidoff-Club oder der R6-Club.

Im Handel arbeiten beispielsweise die **Adler Bekleidungswerke** schon seit 1978 erfolgreich mit dem Kundenbindungsinstrument der Kundenkarte. Diese hat hier keine Zahlungsfunktion sondern dient als **Rabattkarte** mit einer dreiprozentigen Rabattgewährung auf jeden Einkauf. Da bei ca. 85 % aller Einkäufe bei Adler die Kundenkarte eingesetzt wird, können diese genau den Kunden zugeordnet werden. Adler hat somit die Möglichkeit, über Database-Marketing Transparenz über das Kaufverhalten seiner Kunden zu gewinnen. Die in der Database gespeicherten Informationen bilden die Grundlage für ein effektives Kunden-bindungsmanagement. Die Adler-Kunden erhalten neben ihren Rabattkonto-Auszügen aktuelle Informationen, Einladungen und spezielle Angebote zugeschickt. Wenn der Karten-inhaber längere Zeit nicht mehr gekauft hat, wird ein Mailing mit einem besonderen Angebot zur Kundenaktivierung versandt. Adler nutzt die durch die Rabattkarte gesammelten Informationen schon seit langem als Basis für ein Kundenbindungsmanagement.

Andere Beispiele für Kundenbindung durch Kundenkarten finden sich im **Handel** beispiels-weise bei Douglas (Douglas Card), Hertie (Goldene Hertie-Kundekarte) oder Karstadt (Karstadt Exklusiv Kundekarte).

Im Bereich der **Finanzdienstleister** ist die Kundentreue noch deutlich höher als bei Marken-artikeln. Eine Bankverbindung wird nicht so schnell gewechselt wie eine Bekleidungs- oder Lebensmittelmarke. Allerdings hat sich auch hier die Lage durch das Vordringen der Direktbanken und -versicherungen und der Konkurrenz aus dem Ausland verschärft. Auch Banken und Versicherungen können nicht mehr einfach Kundentreue aufgrund des hohen Aufwandes bei einem Wechsel voraussetzen, sondern müssen diese aktiv unterstützen.

Da der Marktauftritt der Vertriebsorganisationen in der Regel zentral geplant wird und damit betriebs- und standortspezifische Besonderheiten oftmals unberücksichtigt bleiben, ist der einzelne **Händler** nicht nur in der Automobilbranche gefordert, selbst individuelle Marketing-Maßnahmen zur Profilierung seines Betriebes zu entwickeln. Zweckmäßig ist es dabei, wenn die Hersteller bzw. die Zentralen ihren Händlern in diesem Zusammenhang mit Unterstützungsleistungen wie Sonderaktionen, Händler-Image-Werbung, Personalschulung, Betriebsvergleichen, Zusatzangeboten sowie Betreuungsmaßnahmen durch den Außendienst, hilfreich zur Seite stehen.

Eine optimale Kundenbetreuung vor Ort kann jedoch nur geleistet werden, wenn die **Mitarbeiter**, die in Kontakt zum Kunden treten, auch motiviert und für diese Aufgabe entsprechend qualifiziert sind. Die Mitarbeitern müssen über einen zuverlässigen Informationsfluß, eine qualifizierte Kommunikation und eine Delegation von Aufgaben, Kompetenzen und Verantwortung, permanent in das Unternehmensgeschehen einbezogen werden, um ihnen Einsichten über Sinn und Zweck ihrer Arbeit zu vermitteln.

Was nützt das beste Kundenbindungsprogramm, wenn der potentielle Käufer motiviert und emotional mit dem Produkt eng verbunden zum Kauf entschlossen das Geschäft betritt und dort vom **Verkaufspersonal** völlig unqualifiziert und unfreundlich behandelt wird, wie es in Abbildung 1 plastisch beschrieben wird?

Die Automobilhersteller wissen, daß ihren Vertragshändlern bei der Markenprofilierung eine Schlüsselrolle zukommt, weil diese im direkten Kundenkontakt stehen und somit die einzige unmittelbare **Schnittstelle zum Kunden** bilden. Um so unverständlicher ist es daher, daß die zentral entwickelten Programme zur Erhöhung der Kundenloyalität bei den Vertragshändlern oftmals nur auf wenig Akzeptanzbereitschaft treffen. Gerade bei kleineren Händlern werden die Anregungen der Zentrale vielfach nur wenig wertgeschätzt und damit auch selten umgesetzt.

Dieses Problem der Umsetzung und Akzeptanz von Kundenbindungsmanagement bei den Mitarbeitern, die letztlich in persönlichem oder telefonischem Kontakt mit den Kunden stehen, ist leider nicht zu unterschätzen.

Somit wird es zur entscheidenden Aufgabe der Hersteller oder der Zentrale, über eine sehr intensive Kooperation und eine stärkere Öffnung gegenüber ihren Händlern eine **Verbesserung des Informationsflusses** zwischen Hersteller und Händler zu erreichen. Schließlich wird es immer entscheidender darauf ankommen, den Händlern bedarfsgerecht zugeschnittene Leistungen zukommen zu lassen, um somit den Marktauftritt beider Partner möglichst einheitlich zu gestalten.

Die Erkenntnis, daß der Kundenbindung in der gegenwärtigen Wirtschaftslage eine entscheidende Bedeutung zukommt, hat sich durchgesetzt. Auch die Methoden und Techniken, die in diesem Buch beschrieben werden, stehen zur Verfügung. Die praktische Umsetzung dagegen ist noch längst nicht allen Unternehmen gelungen; hier hat die Automobilbranche eine **Vorreiterrolle** übernommen, von der andere lernen können.

Abbildungsverzeichnis

Literaturverzeichnis

ALBERS, S., EGGERT, K. (1988), Kundennähe - Stategie oder Schlagwort, in: Marketing ZFP, Heft 1/1988, S. 5-16

ALTSCHUL, K. (1991), Ein roter Teppich für den Kundendienst, in: Absatzwirtschaft, Sondernummer Heft 10/1991, S. 238-252

AUDI AG (1996), Geschäftsbericht 1995, Ingolstadt 1996

AZ DIRECT MARKETING BERTELSMANN GMBH, Broschüre: Maßnahmen zur Kundenbindung

BILD, BILD AM SONNTAG (1996), PKW-Studie 1995/96, Hamburg 1996

BLEICKER, U. (1983), Produktbeurteilung von Konsumenten, Würzburg, Wien 1983

BODE, B. (1993), Der neue Volkswagen - Marketing-Wende bei Mercedes Benz, in: Absatzwirtschaft, Heft 7/1993, S. 20 - 22

BP OIL DEUTSCHLAND GMBH (1994), BP Marktstudie: Erfolgsfaktoren für das Autohaus, Hamburg 1994

BRACHAT, H. (1994), Top-Impulse für Ihren Erfolg, Ottobrunn 1994

BRUHN, M. (1982), Konsumentenzufriedenheit und Beschwerden, Frankfurt/Main, Bern 1982

BUTSCHER, S. (1994), Kundenclubs als Modernes Marketing-Instrument, Hamburg 1994

DAHLHOFF, H.-D. (1980), Kaufentscheidungsprozesse von Familien, Frankfurt 1980

DAHLHOFF, H.-D., DUDENHÖFFER, F. (1997), Systemmarke gegen Markenerosion, in: Absatzwirtschaft, Heft 7/1997, S. 70-75

DICHTL, E., RAFFÉE, H., POTUCEK, V. (1982), Marktforschung im Automobilsektor, Mannheim 1982

DIEZ, W., MEFFERT, H., BRACHAT, H. (1994), Grundlagen der Automobilwirtschaft, Ottobrunn 1994

DIEZ, W. (1995), Das Handbuch des Automobilmarketing, Landsberg am Lech 1995

DISCH, W.K.A. (1990), Nach-verkaufen. Nutzen Sie die ungenutzten Kommunikations-Chancen nach (!) dem Verkauf, in: Marketing Journal, Heft 6/1990, S. 588-594

DORSTEN, M., STIPPEL, P. (1994), Ford, was tun die?, in: Absatzwirtschaft, Heft 12/1994, S. 15-17

DUDENHÖFFER, F. (1996), Neues Design für Beziehungsnetze, in: Absatzwirtschaft, Heft Sondernummer Oktober 1996, S. 122 - 130

FINSTERWALDER-REINECKE, I. (1993), Strukturwandel, in: Autohaus, Heft 5/1993, S. 52-57

FINSTERWALDER-REINECKE, I. (1994), Mit den Augen des Kunden. Kundenzufriedenheit als Verpflichtung und Erfolgsmaßstab, in: Autohaus, Heft 1-2/1994, S. 66-71

FISCHERS ARCHIV (1996), Heft 11/1996

FÖHRENBACH, J.T. (1995), Kundenzufriedenheit und Kundenbindung als Bestandteil der Unternehmenskommunikation, München 1995

FRITZEN, M. (1996), Das ist nichts für dich, Marc-Oliver!, in: Frankfurter Allgemeine Zeitung, 9. November 1996

GERKEN, G. (1990), Abschied vom Marketing: Interfusion statt Marketing, Düsseldorf 1990

HENTSCHEL, B. (1991), Beziehungsmarketing, in: Das Wirtschaftsstudium, Heft1/1991, S. 25-28

HOLLAND, H. (1988), Database-Marketing: Kundendatenbanken im Direkt-Marketing, in: Gablers Magazin, Heft 11/1988, S. 48-50

HOLLAND, H. (1992a), Direktmarketing treibt Automobilwerbung an: Response, Heft 1/1992, S. 18-23

HOLLAND, H. (1992b), Mehrstufige Direktmarketing-Aktionen, in: Response, Heft 11/1992, S. 42-43

HOLLAND, H. (1992c), Mehrere Wege zum Erfolg, in: Response, Heft 12/1992, S. 24-26

HOLLAND, H. (1992d), Computergesteuerte Entscheidungsunterstützungssysteme (EUS) im Direktmarketing, in: Hermanns, A., Flegel, V. (Hrsg.), Handbuch des Electronic Marketing, München 1992, S. 777-789

HOLLAND, H. (1993), Direktmarketing, München 1993

HOLLAND, H. (1994), Strategien der Segmentierung, in: Direct Mail - der direkte Weg zum Kunden, Jahrbuch des deutschen Direktmarketing Verband, Wiesbaden 1994, S. 13-20

HOLLAND, H. (1995), Mythen müssen sorgsam gepflegt werden, in: pro..., Heft 6/1995, S. 34-37

HOLLAND, H. (1996), Harley-Davidson - Close to the Customer durch Direktmarketing, in: Response, Heft 2/1996, S. 10 - 17

HOLLAND H., MIENERT, I. (1997), Generation X, Wie Unternehmen diese schwierige Zielgruppe sehen und bedienen, in: Marketing Journal, Heft 2 1997, S. 106 f.

HOTHUM, C. (1993), Kundenzufriedenheitsprogramme - Mehr als nur Marktforschung?, in: Planung und Analyse, Heft 6/1993, S. 39-42

JESCHKE, K. (1995), Nachkaufmarketing, Kundenzufriedenheit und Kundenbindung auf Konsumgütermärkten, Frankfurt/Main u.a., 1995

KAMENZ, U. (1996), Vom Customer Satisfaction Measurement zum Customer Satisfaction Management, in: Peren, F.W.; Hergeth, H.H.A. (Hrsg.), Customizing in der Weltautomobilindustrie, Kundenorientiertes Produkt- und Dienstleistungsmanagement, Frankfurt, New York 1996, S. 149-161

KOLLENBACH, S. (1995), Praxisorientierter Marktauftritt. Zusammenarbeit zwischen Automobilherstellern und -händlern, in: Autohaus, Heft 20/1995, S. 84-86

KORTE, C. (1995), Customer satisfaction measurement: Kundenzufriedenheitsmessung als Informationsgrundlage des Hersteller- und Handelsmarketing am Beispiel der Automobilwirtschaft, Frankfurt/Main u.a. 1995

KORTE, C. (1995b), Kunden binden. Kundenzufriedenheitsmessung in der Automobilwirtschaft, in: Autohaus, Heft 23-24/1995, S. 71-73

KRAFTFAHRT-BUNDESAMT (1994-1997), Statistische Mitteilungen über Zulassungen von fabrikneuen Personenkraftwagen in Deutschland nach Herstellern und Typgruppen, Flensburg 1994-1997

KREUTZER, R.T. (1991), Database-Marketing, in: Dallmer, H. (Hrsg.):Handbuch des Direct Marketing, 6. Aufl., Wiesbaden 1991, S. 623ff.

KROEBER-RIEL, W. (1990a), Strategie und Technik der Werbung: Verhaltenswissenschaftliche Ansätze, Stuttgart u.a. 1990

KROEBER-RIEL, W. (1990b), Konsumentenverhalten, 4. Aufl., München 1990

KRÜGER, T. (1996), Emotionale Erlebniswelten schaffen, in: Peren, F.W.; Hergeth, H.H.A. (Hrsg.), Customizing in der Weltautomobilindustrie, Kundenorientiertes Produkt- und Dienstleistungsmanagement, Frankfurt, New York 1996, S. 57-65

LINGENFELDER, M., SCHNEIDER, W. (1991), Die Kundenzufriedenheit. Bedeutung, Meßkonzept und empirische Befunde, in: Marketing ZFP, Heft 2/1991, S. 109-119

LINK, J., HILDEBRAND, V. (1993), Database Marketing und Computer Aided Selling, München 1993

LINK, J., HILDEBRAND, V. (1995), Database-Marketing und Computer Aided Selling: Kundenorientierte Informationssysteme, in: Gablers Magazin, Heft 4/1995, S. 36-39

LUDVIGSEN, K.E. (1995), Kundenorientierung in der Automobilbranche, Landsberg/Lech 1995

MEFFERT, H. (1992), Marketingforschung und Käuferverhalten, 2. Aufl., Wiesbaden 1992

MEFFERT, H. (1994), Marketingmanagement, Wiesbaden 1994

MEFFERT, H., WAGNER, H., BACKHAUS, K. (1994), Beziehungsmarketing - neue Wege zur Kundenbindung, Münster, 1994

MEINIG, W. (1995), DSI: Dealer Satisfaction Index '95. Der Händler-Zufriedenheitsbarometer, Ottobrunn 1995

MEUNZEL, R.M. (1995), Händlerzufriedenheit auf dem Prüfstand, in: Autohaus, Heft 13/1995, S. 14-15

MEYER, A., DORNACH, F. (1995), Das Deutsche Kundenbarometer 1995 - Qualität und Zufriedenheit - Eine Studie zur Kundenzufriedenheit in der Bundesrepublik Deutschland, Deutsche Marketing -Vereinigung e.V., Deutsche Bundespost POSTDIENST (Hrsg.), Düsseldorf u.a. 1995

MOTOR PRESSE STUTTGART (o.J.), Autokäufer gezielt erreichen, Die Funktion qualifizierter Auto-Kaufzeitschriften, o.J.

MÜHLHOFF, R.W. (1995), Kundenzufriedenheit durch Mitarbeitermotivation, in: Autohaus, Heft 20/1995, S. 64-66

MÜLLER, W. (1990), Service-Tuning fürs Kfz-Marketing. Rahmenkonzept für kundenorientierte Dienstleistung, in: Absatzwirtschaft, Sondernummer Heft 10/1990, S. 194-210

NAGEL, K. (1993), Herausforderung Kunden, Landsberg am Lech 1993

O.V. (1990), Die Basis für den Dialog, in: Absatzwirtschaft, Heft 4/1990, S. 104-113

O.V. (1990b), Gemeinsam zum Kunden, in: Absatzwirtschaft, Heft 4/1990, S. 114-121

O.V. (1990c), Autofahren in Deutschland, Entscheidungsprozesse beim Autokauf, Eine Studie der Motor-Presse Stuttgart, Stuttgart 1990

O.V. (1992), Marktneuheit in Deutschland: "Deutsches Kundenbarometer", in: Direkt Marketing, Heft 10/1992, S. 3-4

O.V. (1996), Die "Kundenzufriedenheit" des Händlers: DSI - die zweite Runde, in: Autohaus, Heft 5/1996, S. 24-29

O.V. (1996b), Zufriedenheit der Subaru-Kunden: Hattrick, in: Autohaus, Heft 6/1996, S. 26-27

O.V. (1996c), Kundenzufriedenheit ist auf dem Tiefpunkt, in: pro ..., Heft 11-12/1996, S. 36-39

O.V. (1997a), Audi und Aldi, Wie die deutschen Automobilhersteller Lebens- und Wertewelten ihrer Kunden erforschen, in: Managermagazin, Heft 9/1997, S. 140-144

O.V. (1997b), Stimmung des Handels, in: Autohaus, Heft 11/1997, S. 6

O.V. (1997c), Stunde der Wahrheit, in: Autohaus, Heft 12/1997, S. 14-15

PEREN, F.W.; HERGETH, H.H.A. (Hrsg.) (1996), Customizing in der Weltautomobilindustrie, Kundenorientiertes Produkt- und Dienstleistungsmanagement, Frankfurt, New York 1996

PETERS, T.J.; WATERMAN, R.H. (1982), In Search of Excellence, Lessons from America´s Best-Run Companies, New York, u.a, 1982

PEUGEOT TALBOT DEUTSCHLAND GMBH (1995), Bericht über das Geschäftsjahr 1994, Saarbrücken 1995

PIECH, F. (1994), Brief an die Aktionäre, in: VW Geschäftsbericht 1993, Volkswagen AG (Hrsg.), Wolfsburg 1993, S. 6-7

PIESKE, R. (1994), Kundenzufriedenheit, die große Unbekannte, in: Absatzwirtschaft, Sondernummer 10/1994, S. 180-189

PLATE, D. (1995), Volkswagen-Kunden-Club. Zum Glück gezwungen, in: Autohaus, Heft 16/1995, S. 42

PORSCHE AG (1995), Geschäftsbericht 1994/1995, Stuttgart 1995

RAAB, A., Kundenbindungsmanagement/After-Sales-Marketing im Segment der vermögenden Privatkunden bei Sparkassen im Gebiet des Sparkassen- und Giroverbandes Hessen-Thüringen, unveröffentlichte Diplomarbeit, Mainz 1996

REIK, M., Servicebarometer 1995, in: Sonderbeilage Autohaus, Heft 11/1995, S. 30ff.

RENSMANN, F.-J. (1993), Database-Marketing: Die Renaissance des individuellen Marketing, in: Greff, G., Töpfer, A. (Hrsg.), Direkt-Marketing mit neuen Medien, 3. Aufl., Landsberg am Lech, 1993, S. 93-116

ROTHER, F. (1997), Soll und Haben; Weltweite Überkapazitäten treiben die Autoindustrie in eine neue Krise, zehntausend Arbeitsplätze sind bedroht, in: Wirtschaftswoche, Nr. 26 vom 19.6.1997, S. 50 - 57

SAAB DEUTSCHLAND GMBH (1996), Some Facts, Presseinformationen, Bad Homburg 1996

SCHARIOTH, J. (1993), Wie Sie Kunden durch Kommunikation binden, in: Gablers Magazin, Heft 1/1993, S. 22-24

SCHMID, D.C.; PEILL, E. (1994), Beschwerdemanagement gehört zum Service, in: Die Bank, Heft 4/1994, S. 225-228

SCHÜRING, H. (1991), Database-Marketing: Einsatz von Datenbanken für Direktmarketing, Verkauf und Werbung, Landsberg/Lech 1991

SCHÜTZE, R. (1992), Kundenzufriedenheit. After-Sales-Marketing auf industriellen Märkten, Wiesbaden 1992

SIEG, C. (1994), Stammkunden gewinnen mit System - Kundenbindung im Automobilverkauf, Ottobrunn 1994

SIMON, H., HOMBURG, C. (1995), Kundenzufriedenheit, Wiesbaden 1995

SPIEGEL-DOKUMENTATION (1993), Auto, Verkehr und Umwelt, Hamburg 1993

STEICHERT, O. (1995), Massnahmen zur Herstellung und Verbesserung der Kundenbindung: dargestellt am Beispiel des EDV-Marktes, München 1995

SUBARU DEUTSCHLAND GMBH (1996), Subaru - Ein Unternehmen stellt sich vor, Friedberg 1996

TESCHER, M. (1994), Kunden werben ist schon schwer, Kunden binden noch viel mehr. In drei Schritten zur Kundenzufriedenheit, in: Marketing Journal, Heft 5/1994, S. 384-389

TIETZ, B. (1983), Der Gruppenwettbewerb als Element der Wettbewerbspolitik. Dargestellt am Beispiel der Automobilwirtschaft, in: Marketing ZFP, Heft 4/1983, S. 235-244

TÖPFER, A. (Hrsg.), Kundenzufriedenheit messen und steigern, Neuwied, Kriftel, Berlin, 1996

TÖPFER, A., MANN, A. (1996), Kundenzufriedenheit als Meßlatte für den Erfolg, in: Töpfer, A. (Hrsg.), Kundenzufriedenheit messen und steigern, Neuwied, Kriftel, Berlin, 1996, S. 25-81

TÖPFER, A., WIEDER, M. (1996), Effiziente Kundenbindungsprogramme, in: Töpfer, A. (Hrsg.), Kundenzufriedenheit messen und steigern, Neuwied, Kriftel, Berlin, 1996, S. 303-342

TOMCZAK, T., BELZ, C. (1994), Kundennähe realisieren, St. Gallen 1994

TOYOTA DEUTSCHLAND GMBH (1996), Bericht über das Geschäftsjahr 1995, Köln 1996

UNTERNEHMENSGRUPPE WIESBADEN (1997), Customer Watching beim Automobilkauf, Wiesbaden 1997

VÖGELE, S. (1990), Dialogmethode: Das Verkaufsgespräch per Brief und Antwortkarte, Landsberg/Lech 1990

VOLKSWAGEN AG (1996), Geschäftsbericht 1995, Wolfsburg 1996

WACHTER, B., HAUPT, K. (1995), Kundenzufriedenheit erhöhen. Die qualitative Symbiose der Marktforschung und der Conjoint Analyse, in: Planung und Analyse, Heft 2/1995, S. 51-69

WIENCKE, W., KOKE, D. (1994), Cards & Clubs: Der Kundenclub als Dialogmarketing-Instrument, Düsseldorf u.a. 1994

WIENCKE, W., KOKE, D. (1995), Der Kundenclub als Dialogmarketing-Instrument, in: Markenartikel, Heft 5/1995, S. 183-186

ZACH, F. C. (1997), Fang den Kunden, Wie Autohäuser Kontakte knüpfen, Beziehungen pflegen und Netzwerke aufbauen, Ottobrunn 1997

ZORN, D. (1991), Was Kunden-Clubs so interessant macht, in: werben & verkaufen, 25.10.1991, S. 110-112

Die Autoren

Prof. Dr. Heinrich Holland unterrichtet an der Fachhochschule Mainz und daneben an anderen Institutionen wie der European Business School.
Er ist Autor von mehreren Büchern und ca. 60 Aufsätzen. Prof. Holland hat sich in Forschung und Lehre intensiv mit dem Direktmarketing auseinandergesetzt und das Standardlehrbuch „Direktmarketing" verfaßt.
Er ist Vorsitzender des Prüfungsausschusses der Deutschen Direktmarketing Akademie und berät namhafte Unternehmen.

Stefan Heeg hat nach einer Ausbildung zum Bankkaufmann an der Fachhochschule Mainz studiert und sich im Rahmen seiner Diplomarbeit mit dem Kundenbindungsmanagement beschäftigt. Derzeit ist er als Projektleiter in einer Marketing-Agentur mit der Entwicklung von Direktmarketingprogrammen für verschiedene Automobilunternehmen befaßt.

Weitere Fachliteratur
zu den Themen Marketing und Verkauf

Richard Adam
Wer kauft was warum nicht?
Konsequenzen für das Marketing
236 Seiten, 78,– DM

Oliver Albrecht u.a. (Hrsg.)
Marketing für den Mittelstand
Konzepte und Fallstudien
228 Seiten, 78,– DM

Lorenz A. Aries
Verkaufsoptimierung
Märkte gezielt bearbeiten,
Kunden systematisch gewinnen
248 Seiten, 68,– DM

Vinzenz Baldus
Wer dient, verdient!
Die Service-Strategie
für kundenorientierte Unternehmen
163 Seiten, 58,– DM

Dietrich Buchner (Hrsg.)
Service-Exzellenz
Konsequente Kundenorientierung
mit Herz und Verstand
224 Seiten, 78,– DM

Heinz Dallmer (Hrsg.)
Handbuch Direct Marketing
831 Seiten, 298,– DM

Günter Greff
Das 1x1 des Telefonmarketing
160 Dos und Don'ts für Marketing
und Service
191 Seiten, 48,– DM

Georg Hanke
Vom Chaos zum Konsens
Unternehmenskommunikation
optimieren
160 Seiten, 68,– DM

Ulrich Hauser/MTP Alumni (Hrsg.)
Erfolgreiches Markenmanagement
Vom Wert einer Marke,
ihrer Stärkung und Erhaltung
201 Seiten, 78,– DM

Wolf W. Lasko
Professionelle
Neukundengewinnung
Die 8 Erfolgsstrategien kreativer
Verkäufer
168 Seiten, 58,– DM

Wolf W. Lasko
Stammkunden-Management
Strategien zur Kundenbindung
und Umsatzsteigerung
312 Seiten, 58,– DM

Arthur D. Little (Hrsg.)
Management erfolgreicher
Produkte
184 Seiten, 78,– DM

GABLER
BETRIEBSWIRTSCHAFTLICHER VERLAG DR. TH. GABLER GMBH, ABRAHAM-LINCOLN-STR. 46, 65189 WIESBADEN

Weitere Fachliteratur
zu den Themen Marketing und Verkauf